趁年轻，打造朋友圈

影响你一生的人际交往课

嘉慕◎著

海天出版社（中国·深圳）

图书在版编目 (CIP) 数据

趁年轻，打造朋友圈 / 嘉慕著. — 深圳 : 海天
出版社, 2014.4
ISBN 978-7-5507-0844-0

Ⅰ.①趁… Ⅱ.①嘉… Ⅲ.①心理交往—青年读物②
心理交往—少年读物 Ⅳ.①C912.1-49
中国版本图书馆CIP数据核字(2014)第017471号

趁 年 轻 ， 打 造 朋 友 圈
CHEN NIANQING, DAZAO PENGYOUQUAN

出 品 人　陈新亮
责任编辑　顾童乔　张绪华
责任技编　梁立新
封面设计　元明·设计

出版发行　海天出版社
地　　址　深圳市彩田南路海天大厦　（518033）
网　　址　www.htph.com.cn
订购电话　0755-83460293(批发)　83460397(邮购)
设计制作　蒙丹广告0755-82027867
印　　刷　深圳市新联美术印刷有限公司
开　　本　787mm×1092mm　1/16
印　　张　17.5
字　　数　234千
版　　次　2014年4月第1版
印　　次　2017年4月第4次
定　　价　39.00元

　　什么资源是取之不尽，用之不竭的？什么投资得到的回报是无价的？什么是世界上最珍贵的资源？当然是好朋友！我们每个人都有自己的"朋友圈"，在现代社会中，拥有更为广阔的"朋友圈"是一个人极为重要的资源，它不仅可以使你的生活过得更为顺畅，也可以促进你的事业进一步发展。一个人的人际关系决定他的眼界和所处的位置，人际关系的广度和深度决定他的财富和前途。中国是人情大国，人际交往就像空气那样重要。打造朋友圈是我们每个人的必修课。

　　不仅在中国，朋友圈得到了人们的关注，在美国，也有这样一句流行语："一个人能否成功，不在于你知道什么(what you know)，而是在于你认识谁(whom you know)"提醒着人们人际交往的重要性。当前十倍速知识经济时代，朋友圈已成为专业的支持体系。对于个人来说，专业是利刃，朋友圈是秘密武器，如果光有专业，没有朋友圈，个人竞争力就是一分耕耘，一分收获，但若加上朋友圈，个人竞争力将是一分耕耘，数倍收获。

　　建立朋友圈也就是建立自己的社交网络。实际上如果没有社交，就没有欧洲的文艺复兴，我们知道的贝多芬、莫扎特、爱尔维修、卢梭，如果没有当时的社交圈，他们是混不出名堂来的；如果没有社交，就不会有奢侈品的销售，就没有圈子营销，就很难组织社会活动与家庭派对；如果没有社交，人们获得各类资源的成本要大得多。当哈佛大学社会学教授布坎南用社会资本的高度来说社交的时候，说明社交水平直接涉及我们行为的投入产出率了。

　　任何人的人际交往能力均可通过社交技巧的训练而得到提升。人际交往是一种行动技能，不是光靠读书、听课就能得到的，必须不断地进行训练，直到成为习惯。你回头看看过去的生活，你在吃上花了很多时间，在穿上花了很多时间，在玩上花了很多时间，在学习上花了很多时间，但是一总结，你发现自己不成功的原因，在于自己从来没有在打造朋友圈上花过一分钟的时间。

朋友圈就好比一座无形的金矿，拥有了这座金矿，你就掌握了取之不尽的财富。富人认识到了这一点，所以富人富了；穷人没有认识到这一点，所以穷人穷了。一辈子都认识不到这一点，于是，穷了一辈子，就因为他不懂得什么是朋友圈。

你可能拥有"天时"，运气很好，机会总是光顾你；你可能占据"地利"，做的行业是当下最火爆的行业；但是——这些都不如"人和"，唯有"人和"才是成事的得力助手！当你拥有人和，即便你貌不惊人，你仍然可以鲤鱼跳龙门、麻雀变凤凰！真正高明的人，从来不会坐等自己的贵人"降临"，而是主动出击，将自己的贵人从朋友圈里找出来。

朋友圈是张网，就像挂在老宅子房梁上的一张硕大蜘蛛网，你很难知道它是什么时候出现的，却总能见到无数飞蛾子粘在上面动弹不得。朋友网如出一辙，你的事业，兴趣爱好，乃至另一半都可能像"飞蛾子"一样，被朋友网网罗住后稳稳属于你。

趁年轻，赶快打造你的朋友圈吧。

contents 目录

第六章　如何拒绝才不伤朋友
——朋友交往拒绝术 /127

第七章　巧言沟通，把话说到心坎上
——人际交往口才术 /137

第八章　幽默是人际交往的润滑剂
——幽默智慧 /149

第十六章　学脉最富情感最纯洁
——"同学圈"的人际交往技巧 /253

第一章

黄金有价，朋友圈无价

——赢在朋友圈

第1讲　投资朋友圈，改变命运

现实生活中的每一位成功人士都有一个共同特点，那就是他们都具有建立并维系一个良好的人际网络的能力。我们立身处世，虽然要自力更生，不要轻易靠人，但从另一个角度来看，社会毕竟是群体的，一个人的能力非常有限，有许多事情是独立难成的。你想，谁愿意做孤岛上的鲁滨孙呢？当你处于顺境的时候，你自然不会想到陷于困苦中的滋味，但人生道路变幻莫测，谁也不能预料将来会不会遇上困难。所以，建立一个良好的关系网络是至关重要的。

新东方学校创始人俞敏洪在北大当学生的时候，一直具备为别人服务的精神。他从小学一年级就一直打扫教室卫生，到了北大以后依然保持着良好的习惯，每天为宿舍打扫卫生，这一坚持就是四年。而且，他还每天拎着宿舍的水壶去给同学打水，并把这当作一种体育锻炼。同学每天看他打水，最后还产生这样一种情况，有的时候他忘了打水，同学就说："俞敏洪怎么还不去打水？"

十多年后，新东方学校已经做到了一定规模，俞敏洪希望找合作者，就到美国和加拿大去寻找他的那些同学。后来他的同学们确实回来了，但是给了他一个十分意外的理由。他们说："俞敏洪，我们回去是冲着你过去为我们打了四年水。"就这样，俞敏洪凭借着良好的朋友圈，在需要帮助的时候得到了很多同学前来相助，帮助他顺利渡过难关，达成新的成就。

战国时期的孟尝君广纳贤才，他手下有三千多门客，但大多数是地位卑微而没什么才干的鸡鸣狗盗之辈。那么，为何孟尝君要这么做？他是施舍天下士人吗？当然不是，他是以自己独到的眼光为自己储备人才，包括一些不起眼的"小人物"。他觉得，在乱世之时，每个人都有自己的才能和用处。

华人"卡耐基之父"黑幼龙先生曾经举例，在鸡尾酒会或婚宴场合，西方人在出发前，都会先吃点东西，并提早到现场。因为，那是他们认识更多陌生人的机会。但是，华人社会里，大家对这种场合都有些害羞，不但会迟到，还尽量找认识的人交谈，甚至，好朋友约好坐一桌，以免碰到陌生人。因此，"尽管许多机会就在你身边，但我们总是平白地让它流失"。

除了不能建立新的人际关系，人们还忽视了对旧有人际关系的维护。现代人生活都很忙碌，没有多少工夫坐在一起交流，天长日久，许多原本牢固的关系就会变得松散起来，朋友关系就会渐渐淡漠，这是很令人遗憾的。

朋友之间的关系同样需要维护和经营，平时要多与朋友联系，同时适当拜访，这样可以培养感情。交朋友带有功利目的，但朋友间的每一次来往并不是都要以利益来估价。友谊的培养需要积累，这样的朋友圈关系不但能持久稳固，而且会更光亮。

人际指南

> 从现在起，珍惜你的朋友圈资源，不断积累，让其最终成为助你成功的巨大宝藏，扭转个人命运。宝贵的缘分来之不易，要好好珍惜，别忘了经常联络，即使你很忙，也应该如此。

第2讲 成功第一要素是朋友圈

成功的种子有很多种，我们知道能力是不可或缺的，有一个好性格也格外重要，当然还需要毅力、耐心、坚强等各种作为第一等人的品质。但这些种子都是内省式的，是埋头苦干、不断打磨自己以求自我完美的部分。还有人认为，成功人士之所以能够成功，是因为他们的智慧，事实上，人与人之间的智商差距很小，每个人所拥有的智慧都足以让他获得成功。人们平时谈及能力往往联想到生活技能、工作经验、学位高低、人生积累，这是片面的理解。最重要的一点却被忽略了，那就是成功人士的朋友圈资源，这常常是隐性的、不被大家所注意的一点，而这又往往是最关键的一点。在大的能力范围中，善于交际正是最重要的一部分，与你的自我完善过程呈现平分的比例才是合理的，或者说才是"营养均衡"的。

美国前总统西奥多·罗斯福曾说："成功的第一要素是懂得如何搞好朋友圈关系。"

新浪创始人王志东在北大读书的四年，正是中关村兴起的时候。大三时，王志东觉得在北大已无所事事，他想到第一线去找点事干，既能接触社会，学到先进的科技，也能勤工俭学。在中关村，王志东给皮包公司做过推销，也做过汉化、二次开发、系统集成等技术活。他帮一个客户把北大方正王选（北大教授，激光照排系统创始人）的系统改了，王选挺欣赏他，邀他回北大。王志东于是顺水推舟，进入北大方正。

1989 年 7 月，王选让王志东接手一个新项目："你能不能把微软的 Windows 汉化了？"从未接触过 Windows 的王志东，就这样懵懵懂懂地走进了 Windows 汉化领域。1991 年 6 月，王志东独立完成了当时国内第一个实用化 Windows3.0 中文环境——BDW in3.0，成为北大方正 1991 年的七大成果之一。正是因为王选的朋友圈，使得王志东的互联网之路越走越稳。

孙正义是软件银行集团公司的创始人，目前仍是该公司的总裁兼董事长。他在不到二十年的时间内，创立了一个无人相媲美的网络产业帝国。

受儒家文化影响至深的日本也是一个注重人际关系的国家。孙正义的成功与他善于利用人际关系有极大的关系。从创业之初，孙正义就有意识地扩充自己的关系网，尤其是那些可以帮助他推销新产品、组织某种活动的人。他会经常翻一翻高中、大学同学录或者同一个俱乐部、同一活动小组的名单，以便发现能够帮他的人。他的朋友圈面积很大，上至美国总统，下到一般的菜贩子，而且从日本到世界各地，可以说遍布海内外，这都是他长期积累而成的。

朋友圈广了，你可以分类管理，可把朋友圈分为核心层人际资源、紧密层人际资源、松散备用层人际资源。要注意一点，核心层人际资源指对职业和事业生涯能起到核心、关键、重要、决定作用的人际资源。

人际指南

人是最大的资源，不管做什么事情，都有人的因素。被称为"赚钱之神"的邱永汉说："失去财产，仍有从头再做生意的机会，失去朋友，就没有第二次的机会了。"

第3讲　朋友圈不会让你怀才不遇

人际网络中，我们每个人只是其中一个小小的节点，只有每个节点都起到自己该起的作用，再把这种作用联合起来，这张网才可以结实、实用，其力量才会放大很多倍。中国有句俗话，叫"一个篱笆三个桩，一个好汉三个帮"。在同一个社会，人与人之间会存在千丝万缕的联系，谁都无法脱离社会而独立存在。

世界上并不缺乏才华横溢而又怀才不遇的人，他们通常满腹牢骚，喜欢批评别人，有时也会露出一副郁悒不得志的样子。和这种人交谈，运气不好的时候，还会被他刻薄地批评一顿。这种人有的真的是怀才不遇，因为种种原因"虎落平阳被犬欺，龙困浅滩遭虾戏"，但为了生活，又不得不屈就，所以痛苦不堪。导致他们的才华被埋没的原因，是他们不懂得经营朋友圈。这并不是危言耸听，也绝非夸大其词。现代社会竞争如此激烈，有的人做起事来左右逢源，要风得风要雨得雨；而有的人却处处碰壁，举目四顾一片茫然。这两种不同的际遇，正是由不同的朋友圈所决定的。

某著名高校开学不久，大二的学生们在各社团组织开始了职位的竞选，礼仪队也不例外。一天晚上，学生会议厅热闹非凡，台下坐满了院学生会的重量级人物。礼仪队开始了领队的选拔。为了心中的愿望，小慧鼓起勇气第一个上台开始发言。她努力地表现自己，可她落选了。

小慧没有太过伤心，因为她觉得自己努力了，总结了自己落选的原因之后，她在日记中写道，这次落选的主要原因有二：一是没有进入学生会，学生会的重量级人物一个都没有接触过，而竞选成功的，都是与学生会有联系的；二是交际能力不行，平常很少和礼仪队的姐妹交流、沟通，和她们比较生疏。

从上面的案例可以看出朋友圈的重要性，在学校尚且如此，更不用说在社会了。

在一份面对创业者的调查问卷中，有这样一道题目："你在创业中遇到的最大问题是什么？"调查发现，"人际关系"仅次于"资金"，名列第二位。可见，人际关系资源对于创业是多么的重要！

怎样才能比别人拥有更多的机遇？这就需要良好的人际关系。"机遇"的潜台词是"人际关系"，因为人际关系广，与人关系好，机遇相对就会更多。打个比方来说，一个人际关系广、社交能力佳的人寻找工作，往往就能借助人际关系的力量比他人早得到用人信息，自然能早一步投递简历，获得这份工作的可能性也更大；有时，企业招聘的信息也仅仅对部分圈内人士公开，如果没有圈内人际关系资源，那根本无法获得这类信息。可见，有了人际关系才会有更多的机遇，才有更多获得财富和成功的可能。

朋友的数量与机遇成正比，丰富的朋友圈才能为你带来更多成功的机遇。也许你会说你只不过是一名普通的公司职员，每天过着朝九晚五的生活，但请不要忽略人缘对自己的功用，试着多结交朋友，总会有一个人会为你带来你梦想的机遇的。

在小布什入主白宫的 10 年前，赖斯已经是老布什总统的安全顾问了。在通往白宫的路上，时任白宫安全顾问斯考克罗夫特将军就是赖斯的"贵人"。一次，斯考克罗夫特将军到斯坦福大学发表演讲，27 岁的赖斯抓住了和他共进晚餐的机会向他提问，由此受到赏识，踏上了白宫之路。

使自己英雄有用武之地，确实很值得研究。就现代社会而言，有以下两项建议具体可行：

1. 以退为进

为了到达人生的顶峰，你必须爬过那被堵塞了的阶梯，横越到另一侧没有障碍的阶梯，然后再顺利地爬上顶端。

2. 争取多位重要人士的提拔

"多位大人物的共同提拔，可产生乘法的提拔效果（指大人物人数乘以个别提拔效果）。"乘法效果的产生，是由于这些大人物在他们的谈话里，不断地互相强化你的优点，因而使他们决心提拔你。

人际指南

　　千里马在遇到伯乐之前只能干苦力。一个人的成功，很大程度上取决于朋友的多和广。商场上有句俗话："天大的面子，地大的本钱"，指的就是这回事！

第4讲　朋友圈推动事业前进

众所周知，人赖以存在的基础，就是四通八达、错综复杂的血脉网络。追求成功事业和幸福快乐生活的过程中，同样也存在一个类似于血脉的系统，它称为朋友圈。人的生命系统是血脉，人的社会生命系统就是朋友圈。

每个人的精力和体力都会随着年龄的增长而呈现下滑趋势，唯一可以持续增长而不下滑的就是朋友圈。因此，一个人要想成功，仅拥有专业知识和技能是远远不够的，还需要超强的朋友圈。

凡是在商界、职场获得成功的人，几乎都拥有很广的朋友圈。经常参加各式研讨会，以积极的态度，不断结识优秀的同行、客户及可能的未来雇主。

社会上，你的朋友圈是四通八达，公司里，人缘好得有口皆碑，那你就有了很强的竞争性。职业人要想在职场中游刃有余，仅靠个人形象的好坏以及个人工作成绩的优劣，是完全不够的。

学会恰到好处地展示自己的过人之处，给对方留下良好印象。在公众场合，若有人想主动结识你，需要马上做出友善回应，让对方感受到你的谦逊与真诚。多善待一个希望结识你的人，就多一份人际关系，多一次事业良机。

在注重个人内外兼修的同时，注意为人的口碑，确保自己在与同事的交往中能够游刃有余。如果领导对你赞不绝口，欣赏有加，但是同事们却没人喜欢你，都认为你很难相处，那就很难争到最后胜局。

北大毕业生当屠夫，曾掀起了媒体的大讨论。北大的两名屠夫是陈生和陆步轩。同是北大人，他们联手成立了中国第一家培训专业刀手的"屠夫学校"。

在陈生看来，北大对他最大的影响不在于名誉和专业知识，而在于价值观和思维方式。而他今天的成就主要还是得益于丰富的社会经验。陈生是位成功的创业者，从房地产"老大"到广东天地食品集团总裁到"猪肉大王"，再到屠夫学校的校长，陈生在这几个角色间华丽穿梭，游刃有余。陈生有句口头禅："我做哪个行业不做到龙头老大，就不会放弃。"

很快，陈生又看上了猪，一个引子是，他当时看到陆步轩卖猪肉，觉得有点大材小用，想亲自上阵证明一下北大水平；另一个引子是，全国的猪肉市场有着1万亿元的市场份额，但菜市场里卖的猪肉只有一个名字——就叫猪肉。陈生另起名号卖起"壹号土猪"，一张壹号土猪的销售宣传单上写道：壹号土猪。

陈生与陆步轩的相识极具戏剧性。2008年，在广州的一次北大校友聚会上，几位媒体界校友得知陈生做猪肉生意，便当场给陆步轩打电话："广州也有一位北大才子在卖猪肉，赶快飞来一聚。"不久，北大毕业的两位"猪肉佬"在广州会面。

陈生和陆步轩也擦出了友谊的火花，当时，陈生这匹突然蹿出的"黑马"成了行业公敌，手下"刀手"稀缺，挖人又无人可挖。2009年，陈生把老陆请到广州，一起商量开"屠夫学校"培养高级屠夫的事，陈生拍拍老陆的肩膀，对他表示了兄弟般的信任，并请他赶紧着手编写教材。

"杀猪的没文化，有文化的没杀过猪，这事由我来干最合适！"陆步轩一口应承下来。有次老陆摔折了腿，躺了4个月，他趁机零敲碎打写出中国第一本屠夫教材——《猪肉营销学》，20多万字，分五章：生猪屠宰、猪肉分割、猪肉销售、猪肉促销、猪肉加工。

在屠夫学校成立之后，陈生再次投入上千万元成立研究院，用于研发新品种。至此，生产＋终端＋团队培训＋研发，陈生构建起了一套完整的商业模式。凭借如此独一无二的运作方式，率先在广东市场打响了"壹号土猪"的品牌。

如今，陈生构建了壹号土猪的连锁销售模式，成立了"屠夫学校"，创设了研究院，引入了大学毕业生，成功塑造了"壹号土猪"品牌。

杰克·伦敦童年的经历坎坷而不幸。某天，杰克·伦敦随着姐夫一起来到阿拉斯加，加入了淘金者的队伍。在淘金者中，他结识了各种各样的朋友，在听到这些朋友的辛酸历史后，经常潜然泪下，而这更加坚定了杰克·伦敦心中的一个目标：我要写作，写淘金者的生活。于是在朋友的帮助下，23岁的杰克·伦敦写出了处女作。他的著作在全国畅销，也给他带来了巨额的财富。逐渐地，杰克·伦敦忘记与他同甘共苦的淘金工人。离开了朋友，就离开了写作的源泉。杰克·伦敦情绪沉闷、思维枯竭，再也写不出一部像样的作品了。1961年11月22日，处于精神和金钱危机中的杰克·伦敦在自己的公寓里用一把左轮手枪结束了自己的生命。

杰克·伦敦可谓"成也朋友圈，输也朋友圈"，他的故事发人深省。良好的朋友圈是提升你竞争力的有效手段，"水能载舟，亦能覆舟"，朋友圈的"水"决定了你成功的"舟"能走多远。

人际指南

在我们的人际关系里，包含了许多人，有领导、有下属、有同事、有朋友、有家人、有亲戚，这全部都是我们的人际关系，而一个成功的人就是利用这些人际关系来推动自己事业发展的。

第5讲　朋友圈投资是最好的投资

有人曾经做过这样一些假设：当你想要开创自己的事业时，必须具备以下这些条件：首先便是资金，而资金就在银行里。其次是技术，这也不用担心，因为有人以贩卖技术为生，所以你当然能够买得到，即使买不到，和其他公司进行技术合作也是可行的。最后，也是最重要的，便是朋友圈。

在现代，任何巨额财富的起源，建立在借贷基础上是最快捷的。就是说，要发大财先要借贷。而这种借贷千万不能限定在某一特定的物质上，我们同样可以在朋友圈上进行借贷，俗称"借势"。当然，借钱就得付出利息，借人也得欠个人情，但也无须顾虑，你利用别人的钱来挣钱，借用别人的势来镀金，你获得的部分，可能远远超出了你所付的利息。

美国大亨洛克菲勒在其全盛时期曾感慨地说："与人相处的能力如果能像糖和咖啡一样可以买得到的话，我会为这种能力多付一些钱。"这句话实际上是在告诉我们：朋友多则赚钱的机会多。"卡耐基训练"大中华区负责人黑幼龙认为："完整的人际关系包含三个阶段——发掘朋友圈、经营交情、出现贵人。"

工作，尤其是做生意的时候，很多人都期盼天时和地利，确实这两者在日常生活中都非常重要。就拿足球比赛来说，主场和客场对球员心理的影响是不一样的。如果是在主场踢球，肯定是先占了天时和地利。但别忘了还有一点，那就是人和，如果配合不好，就算占尽了先机，最终也不能得胜。

作为高科技产业工程师，将心力放在技术研发上，而忽略与人的互动，就缺少了个人竞争力的杠杆相乘作用。尤其高科技产业成长快速，机会也很多，如果工程师们永远不打开另一扇门，不听听别的声音，不但自己可能面临"技术落后，被时间淘汰"的风险，也无法晋身管理阶层，更无从探知将技术、市场与行销各领域整合的乐趣，格局也将受到局限。

事实上，在朋友圈的建立上，如果你只是倾向于等待而不主动寻找朋友圈信息的话，那么你将是被动的，而且机会很少。因此，你需要不断地寻找信息，从而找到自己需要的朋友圈。

北京汇泉国际投资有限公司董事长董方军，2006 年获得北京大学光华管理学院工商管理硕士学位，他通过在北大 MBA 的学习，深刻感受到了企业上市的重要性，通过市值来体现企业的价值，而自己的公司也完全具备上市的条件。提起在北大光华管理学院的两年读书生活，董方军流露出难以自已的深情："在北大度过的两年，是我一生中的骄傲和眷恋。"他坦诚自己有很浓的北大情结，北大在他心中是一个非常神圣的地方，无论走到哪里都为曾经在北大上过学而感到自豪。毕业后他也经常参加光华校友举办的活动，自己还承办了一次校友会。在董方军看来，在北大的学习使其在企业的运作上实现了一个质的变化，北大的学习奠定了他今后发展的根本方向。他不无陶醉地回忆起厉以宁老师关于股份制运作的理论，这一理论在实际中的运用让他受益匪浅。还有从北大课堂上学到的关于企业战略的规划知识，证券公司和商务银行的资本运作理论都让他记忆深刻。而一起学习的同学不仅有中国的精英，还有来自世界各地的精英，"每个同学都是一本书，每个同学都是一个发展史"。至今他手机里还存有80多个北大同学的电话号码，无论是生活还是事业上的交流，都让董方军获益颇多。通过老师的教导和与同学的交流，人际关系和先进的理论，与个人的实战经验相结合，董方军实现了企业由生产经营型到资本动作型的转变，事业版图也由山东逐步扩大到全国，延伸至深圳、香港、内蒙古和新疆。

那么，怎样储蓄朋友圈呢？

积极的做法是：

1. 积极参与社交活动

社交活动包罗万象，只要有机会拓展你的朋友圈并有助于你克服性格缺陷的团体不妨都去试一下：舞蹈、合唱、骑马、绘画、戏剧、古董、读书会、品酒，没有什么是不能尝试的，关键就在于你自己是否愿意去做了。

2. 多增加自己曝光的渠道

多去参加诸如 EMBA（高级管理人员工商管理硕士）聚会、旅游团、健身俱乐部等社交活动，这都是最快把自己推销给别人的好办法，也能有效地建立你良好的社交形象。参加这些团体活动的意义在于，能够在最短的时间内认识那些你想认识或需要认识的人。这比躲在家里打电话联系的效率要高很多。电话不如谋面，谋面不如实质性交流。公共交往平台最大的一个特点，就是能够帮助人们形成实质性和有意义的沟通交流，比如有足够资源举办一些关于某个话题的论坛和讨论会。在这些场合的曝光，对距离的拉近很有帮助。

3. 多通过熟人，找到自己最关键的介绍人，让他给你牵线搭桥，挺进纵深，绕开障碍，就可以省略很多不必要的付出和成本

台湾的传奇式人物王永庆，从做生意开始就非常重视建立朋友圈。

王永庆在刚开始做木材生意的时候，对客户的条件放得很宽，往往都是等到客户卖出木材之后再结账，而且从不需要客户做任何担保。华夏海湾塑料有限公司董事长赵廷箴，曾经与王永庆合作过建筑生意。有一次，赵廷箴需要大量资金周转，于是向王永庆表明自己的困难。王永庆二话不说，立刻借给他十几根金条，还不收分文利息。这样不仅帮助了赵廷箴，并且从此两人成了好朋友，赵廷箴的工程上所需要的木材全都向王永庆购买，成为王永庆最大的客户。

王永庆后来回忆这段往事的时候说道："正因为结识了木材界众多朋友，我才能在木材界迅速崛起，站稳脚跟。"后来，王永庆一直在建筑业发展，木材厂的生意非常兴隆。

人际指南

"你不理人，人不认你。"人在你身边，朋友圈就在你身边，关键是要用心去找，用心去经营。

第6讲　朋友圈帮你找到贵人

中国式管理大师曾仕强说过："对'有人好办事'这句话，可以分成上、中、下三个层次来看。对上，有人提拔，使自己扶摇直上。平行，有人依靠，替自己分忧解劳。对下，有人跑腿，把自己吩咐的事情圆满完成。这样，还有什么办不好的事情？上、中、下都有贵人，自己当然也就成了贵人。但是，贵人毕竟可遇不可求，而如何'遇'，就要看你的修为如何了。"

说到人际关系所带来的财富与成功，我们似乎不能不提一下"小沈阳"现象了。2009年中央电视台春节联欢晚会上，小沈阳带着苏格兰情调的亮相，引起了全国观众的广泛关注，一时间，小沈阳迅速蹿红。而这为小沈阳带来的直接经济利益就是：其出场费由原来几百元一场，升为几十万元一场。

但这一切，是否完全是凭借小沈阳个人的能力得来的呢？当然不是。

从春晚直播结束后，小沈阳在中央电视台后台跪地磕头感谢师傅赵本山这一个细节上，我们就可以看出，小沈阳能有今天绝对离不开师傅这一重要朋友圈资源的提携。

李彦宏，1991年毕业于北京大学信息管理专业，毕业后出国读研。1998年至1999年，北大毕业生徐勇作为制片人之一在美国硅谷组织拍摄大型纪录片《走进硅谷》，客观以及全面地反映硅谷的发展过程，深度探求了硅谷成功背后的种种因素。

1997年，李彦宏通过太太马东敏结识徐勇。"我太太1990年去美国，比我早一年。她在一家生物公司做销售，徐勇在另外一家生物公司做销售，他们在一次聚会上碰到。"徐勇虽是生物学博士后，但对互联网很感兴趣，对硅谷整个机制很感兴趣。1998年李彦宏出版《硅谷商战》，徐勇就经常和李彦宏聊硅谷和互联网。徐勇通过这个纪录片结识了很多投资人。"我最初的想法，是想让徐勇帮我找钱。后来想想，觉得只是找钱，投资人会怀疑徐勇的动机。如果这是我和徐勇两个人的事情，一起去找钱，徐勇的角色就顺理成章了。"

1999年11月，斯坦福大学，《走进硅谷》首映式。李彦宏抓住忙来忙去的制片人徐勇，对他说："明天来我家，谈事。"徐勇如约而至，李彦宏向徐勇提出两个选择：1.帮我找钱，给你1%提成；2.一起创业，我3你1分配股份。徐勇选择了后者。

另外一个原因是：徐勇的太太认为徐勇需要和李彦宏这样的人一起创业；李彦宏的太太马东敏也觉得，内向的李彦宏需要热情洋溢的徐勇作为创业伙伴。就这样，依靠着彼此的朋友圈，百度成立了。

美国有句流行语："一个人能否成功，不在于你知道什么，而是在于你认识谁。"其实贵人就在身边，关键是要用心去找。在当前十倍速知识经济时代，人际关系已成为专业的支持体系。个人竞争力就是"一分耕耘，一分收获"。但若加上朋友圈，个人竞争力将是一分耕耘，数倍收获。因此，开发和经营朋友圈资源，不仅能为你雪中送炭，在"贵人"帮助之下更能为你的事业发展锦上添花。

美国前总统小布什当年利用 5 万美元开了自己的第一家石油公司，却因没有找到石油差点破产，但峰回路转的是他得到一些贵人的帮助，使另一家实力雄厚的石油勘探公司心甘情愿地买下了小布什如同"垃圾股"的石油公司，转眼间，小布什不仅名列股东委员会，并且还拥有了价值 53 万美元的股票。

可见，开公司所要具备的个人能力只是冰山一角，在关键时刻底下有多少支撑才是更重要的。你可以开石油公司却不能找不到石油，却不能没有你的朋友圈。这样假设，你是否还愿意只是埋头在你所谓更重要的"项目培训"中，很多意想不到的人都会成为你的贵人，正如农夫不喜欢的小黑羊的故事。

农夫养了一群羊，里面有一只黑不溜秋的小黑羊，农夫有点讨厌这只小黑羊，常给它吃最差的草料，还时不时抽它几鞭。

有一次，羊群外出吃草，不料突然下起了鹅毛大雪，它们只能躲在灌木丛中相互依偎，等待农夫来救它们。因为四处雪白，农夫根本看不清羊群在哪里。后来，因为看见了远处有一个小黑点，整个羊群才得救，正是那只小黑羊，农夫才没有丢失羊群。每个人都有可能是自己的贵人，包括这只小黑羊。

人际指南

有了朋友圈，成功就像坐电梯；否则，就像爬楼梯。如果你现在还在抱怨工资低，抱怨工作环境差，抱怨怀才不遇，那么赶快停止这一切愚蠢的行为吧。与其如此浪费时间，不如及早着手打造你的朋友圈。

第7讲　丰富的朋友圈是座金矿

尽管"人际"概念的提出是近几年的事，但是对于擅长"待人接物"、"为人处世"的中国人来说，人际关系却从来不陌生。

早在孔子时，他就提出了"己欲立而立人，己欲达而达人"的待人思想；而《礼》、"三纲五常"等也都是对于人际交往规范的界定。可以说，中国是重视社交礼仪、人际关系的文明古国，而中国人也是重视并擅长此道的。一个没有人际关系，不懂得与人相处，无法成为受欢迎的人，是不可能获得成功的。

中国的社会在一定基础上就是人际关系的社会。一个不争的事实是，在中国，许多职业发展的机会和商机，来自于平时朋友圈资源的积累，运营朋友圈资源的能力。还有人总结说：对于个人，20岁到30岁时，靠专业、体力赚钱；30岁到40岁时，靠朋友、关系赚钱；40岁到50岁时，则是靠钱赚钱。很多成功的商界人士也都深深意识到了朋友圈资源对自己事业成功的重要性。

斯坦福研究中心曾经发表一份调查报告，结论指出：一个人赚的钱，12.5%来自知识，87.5%来自关系。每个人都有一座等待你去挖掘的金矿，丰富的朋友圈就是你的这座金矿，而你从中多发掘一个朋友就会为自己多带来一条财路。只要你善于开发，每一个人都会成为你的金矿。

多结交一个朋友，必定可以多为你带来一些财富机会，所以千万不要忽视和放弃与周围每一个人建立好人际关系的大好机会。你所认识的每一个人都有可能成为你生命中的贵人，成为你事业中重要的支撑。

美国前总统克林顿在17岁的时候，立志当音乐家。可是，在白宫遇见了当时的美国总统肯尼迪之后，他改变了志向：他决定放弃当音乐家的梦想，立志当一个政治家，从此改变了他的人生和事业方向。肯尼迪在他的人生事业中发挥了非常大的作用：如果没有肯尼迪，也许就没有前总统克林顿，充其量会多了一个著名的音乐家。肯尼迪是克林顿的贵人。

人际资源并不是一种可以直观看到和衡量的物质财富，可没有它，就很难聚敛财富。即便你是一个拥有扎实专业知识、具备雄辩的口才且彬彬有礼的君子，却也不一定能够成功地促成一次商谈。但如果此时出现了一位关键人物给予协助，相信你的出击必定会变得完美无缺。

朋友圈不是金钱，但它却是一种无形的资产，是一笔潜在的财富。你的朋友圈资源越丰富，你所蕴含的能量就越大。

中国台北"身心灵成长协会"的创办人赖淑惠开房产中介时有一个"结交小人物"的经典案例。当时赖淑惠住在一个大厦里，同时兼营这个楼的房产中介，经她一番细心观察后，发现凡是对大厦有兴趣的买家，第一个总是先询问大门管理员最近有没有住户要卖房子啊？价钱多少呢？有趣的是，每次管理员的回答几乎是："你去问住在八楼的赖小姐，她很喜欢买卖房子，这样就不必再去找其他中介商了。"此外，该楼谁急需用钱要卖房子的消息也总是第一个传到她的耳朵里。也因此，赖淑惠在首都大厦一个物业上整整赚进 1000 多万元。

为什么管理员愿意帮赖淑惠的忙？说穿了是她将任何人都当成家人般关心，赖淑惠每天出入大门，必会向当日值班的管理员打招呼，出差返回也会顺道带些当地名产略表心意。

总之，朋友圈如同一张网，要提升自我的竞争能力，我们需要经营朋友圈，因为财富的积累很大程度上靠的是资源的整合与朋友圈的经营。

人类是群居动物，人的成功只能来自他所处的人群及所在的社会，只有在这个社会中游刃有余、八面玲珑，才可为事业成功开拓宽广的道路，没有非凡的交际能力，免不了处处碰壁。这就体现了一个铁血定律：朋友圈就是钱脉！

有人说过一句很经典的话，可谓一针见血：要估算你今天究竟值多少钱，你就找出身边最要好的 3 个朋友，他们收入的平均值，就是你应该获得的收入。

在当今这样一个人际关系社会，一个人能够成功，常常不在于他懂得多少大道理，他有多高的学问，更重要的是他认识的人是谁。

人际指南

美国石油大王洛克菲勒说："我愿意付出比天底下得到其他本领更大的代价来获取与人相处的本领。"由此可知，朋友圈是如何在一个人的成就里扮演着重要角色的。

第8讲　与贵人最远距离是6个人

陌生人为我们提供了一个新的交际圈子。他就是这个圈子的核心人物。结识一个陌生人，就相当于进入了一个圈子的圆心，以此为原点，你可以向它的圆周辐射。于是，你就渐渐认识了处于这个圆周或者说圈子中的所有的人。通过更深层次的交往，这些人会渐渐脱离原来的圆心——你最初认识的那个陌生人——而聚集在你的周围。这时，你已成功地将陌生人的朋友圈化为己有。

因此，结交带圈子的陌生人其实是一种拓展朋友圈的十分快捷有效的方法。

"陌生人，只是还未认识的朋友。"、"如果你想到你的所有朋友都是从陌生人开始的，你还会害怕陌生人吗？"

事实证明，两个毫不相干的陌生人，要建立关系，并没有我们想象的那么难。美国的心理学家斯坦利·米尔格兰姆(Stanley Milgram)指出：最多通过6个人你就能够认识任何一个你想认识的陌生人。

1967年，斯坦利·米尔格兰姆做了一个著名的实验，他从内布拉斯加州和堪萨斯州招募到一批志愿者，随机选择出其中的300多名，请他们邮寄一个信函。信函的最终目标是米尔格兰姆指定的一名住在波士顿的股票经纪人。由于几乎可以肯定信函不会直接寄到目标人，米尔格兰姆就让志愿者把信函发送给他们认为最有可能与目标建立联系的亲友，并要求每一个转寄信函的人都回发一个信件给米尔格兰姆本人。出人意料的是，有 60 多封信最终到达了目标股票经纪人手中，并且这些信函经过的中间人的数目平均只有 5 个。由此得出结论，陌生人之间建立联系的最远距离是 6 个人。也就是说，最多通过 6 个人你就能够认识任何一个陌生人，这就是"六度效应"在朋友圈中的阐述。后来，美国《科学》杂志上公布的研究结果也证实了这一理论的正确性。

几年前一家德国报纸接受了一项挑战，要帮法兰克福的一位土耳其烤肉店老板，找到他和他最喜欢的影星马龙·白兰度的关联。结果经过几个月，报社的员工发现，这两个人只经过不超过 6 个人的私交，就建立了朋友圈。

陈玉书刚来到香港的时候，生活窘迫，事业迷惘，曾一度感到壮志难酬。有一天，心情抑郁的他和妻子一起去公园散心，碰巧遇见了妻子的一个多年不见的老同学。经过攀谈，他们知道妻子的老同学嫁给了一个印尼驻港的领事，生活很美满。聊天中，陈玉书说起自己想办个签证出国，恰好妻子老同学的丈夫就是负责这方面事务的，于是陈玉书就很顺利地办下了签证。

之后，陈玉书开始跟妻子的同学交往起来。后来，印尼领事干脆支持陈玉书在香港替别人代理签证业务，陈玉书很快赚到第一桶金。再后来他又在朋友的担保下贷款注册了公司，公司开张后，陈玉书又继续广交朋友，在生意越来越好的同时，人际网络也在呈几何倍数增长。

人际指南

　　著名成功学大师戴尔·卡耐基经过长期研究，得出了一个惊人的结论："专业知识在一个人成功中的作用只占15%，而其余的85%则取决于朋友圈。"

第二章

魅力赢得好人际关系

——赢在第一印象

第9讲　第一印象是张社交名片

　　画家说，第一印象是人际交往中的一抹重彩，是整幅画的基调；戏剧家说，第一印象是人生大戏的序幕，它牵着全戏的灵魂；雕塑家说，第一印象是雕刻石坯的第一刀，好坏一瞬间；政治家说，第一印象是宴席上的一杯酒，苦辣甘甜芳香四溢……第一印象，举足轻重。

　　在与人交往的过程中，人们非常注意形象：第一次和某个陌生人接触，第一次受委托替别人做事情，第一次同他人合作，第一次到公司上班，第一次跟领导见面，第一次同异性约会等。如果第一次印象颇佳或者比较满意，其心理上所形成的认识定势就偏向正面。在人际交往中，第一印象中某些单方面印象突出，掩盖了这个人其他方面的特点和品质，起到了类似晕轮（月亮周围有时出现的朦胧圆圈）的作用，影响到整个人的认识和评价，这就叫作"晕轮效应"。如在初次见面中你对对方有好感，在以后的交往中就会觉得他一切都好；相反，初次见面觉得对方不顺眼，在以后的交往中就会觉得他的一举一动都令人讨厌。

　　美国心理学家卢钦斯曾做过一个实验。他虚构了一个叫吉姆的男孩，并用两段文字描写了他的一些生活片段：第一段文字将吉姆描写成热情并外向的人；另一段文字则相反，把他描写成冷淡而内向的人。例如，第一段文字中说吉姆与朋友去上学，他走在洒满阳光的马路上，与新结识的女孩子打招呼，与店铺里的熟人说话等；第二段中说吉姆放学后一个人步行回家，他走在马路的背阴一侧，他没有与店铺的熟人说话等。

　　在实验中，卢钦斯把两段文字分成两种组合：第一组，描写吉姆热情外向的文字先出现，冷淡内向的文字后出现；第二组，描写吉姆冷淡内向的文字先出现，热情外向的文字后出现。卢钦斯让两组被试者分别阅读一组文字材料。结果发现，第一组中竟然有高达78%的人认为吉姆是友好的，而第二组中则只有 18% 的人认为吉姆是友好的。

同样的情况下，读相同的内容，只因信息呈现的顺序不同，人们对吉姆的印象竟会出现如此大的差距。这说明，先呈现的信息比后呈现的信息更加影响人们的认知。

心理学家研究发现，当不同的信息结合在一起的时候，人们总是重视前面的。即使人们同样重视了后面的信息，也会认为后面的信息是非本质的、偶然的，人们习惯于按照前面的信息解释后面的信息，即使后面的信息与前面的信息不一致，也会屈从于前面的信息，以形成整体一致的印象。

这个实验同样说明第一印象的重要性。良好的第一印象，既是一张最好的社交名片，又是一张最有权威的介绍信。我们每天都可能在乘车、聚会或是旅游等活动中与陌生人结识交往。那么，注意给他人留下良好的第一印象，对于建立一个好的朋友圈就起着至关重要的作用了。

如何利用第一印象为自己创造机会呢？下面有一个例子。

一个新闻系的毕业生正急于寻找工作。一天，他到某报社对总编说："你们需要一个编辑吗？""不需要！""那么记者呢？""那么排字工人、校对呢？""不，我们现在什么空缺也没有。""那么，你们一定需要这个东西。"说着他从公文包中拿出一块精致的小牌子，上面写着"额满，暂不雇用"。总编看了看牌子，微笑着点了点头，说："如果你愿意，可以到我们广告部工作。"这个大学生通过自己制作的牌子表达了他的机智和乐观，给总编留下了美好的"第一印象"，并引起其极大的兴趣，从而为自己赢得一份满意的工作。

在日常生活中，人们总是想让他人对自己有一个好印象，所以自我表演的方式很多。自我表演也叫自我展示，指人们在他人对自己形成印象时所做的显露。社会心理学家 Jones（1982）总结出了 6 种自我表演的策略：

自我抬高——通过行动或语言把自己的正性信息呈现给别人。

显示——向他人显示自己的正直和有价值，引起他人内疚。

谦虚——故意低估自己的良好品质、成就和贡献。

恳求——向他人表达自己的不足与依赖，引起他人同情。

哄吓——使他人接受自己的观点。

逢迎——说他人喜欢的话，俗称拍马屁。

自我表演是印象管理的核心，为了给别人留下一个好的印象，我们经常会使用上述的策略。

人际指南

第一印象并非总是正确，但却总是最鲜明、最牢固的，并且决定着以后双方交往的过程。

第10讲　好形象是一种资本

良好的形象是美丽生活的代言人，是走向人生更高阶梯的扶手。仪表端正体现了一个人的修养、品位格调，也是对人和周围环境的尊重。

好形象是你的一种资本，让你脱颖而出，充分利用它不仅能给你的日常生活添色加彩，更有助于提升你的影响力。宋庆龄女士是全世界公认的伟大女性，她除了拥有崇高的品质、高尚的人格外，还具有美好的仪表形象。

美国作家艾斯蒂·希恩曾在作品里这样描写她："她雍容高贵，却又那么朴实无华，堪称稳重端庄。在欧洲的王子和公主中，尤其年龄较长者的身上，偶尔也能看到同样的影响力。但对这些人而言，这显然是终生培养训练的结果，而孙夫人的雍容华贵与众不同，这主要是一种内在的影响力。它发自内心，而不是伪装出来的。她的胆略见识之高，非常罕见，从而能使她在紧要关头镇定自若，同时，端庄、忠诚和胆识又使她具有一种根本的力量，这种力量能够消除人们根据她的外表而产生的那种柔弱羞怯的印象，使她具有坚毅的英雄主义的影响力。"

个人修养决定外在形象，我们只有具备了绅士、淑女的修养，才能展示具有内涵的良好形象，为此，我们不妨从下面几方面做起。

1. 培养自己的个性

无论多么轻松的对话，或写给多么亲密的人的信，都应展示出自己的个性，这点很重要。尽管说话前的准备工作十分重要，但是，在无法准备的情况下，应在说完话之后，过滤一下是否有更个性化的表达方式。做到这一点也能增强你的个性。

2. 说话正确，发音准确

你应该注意过深深吸引我们的主持人是怎么样说话的吧？只要仔细观察便不难发现，所谓的好主播，都很重视清晰的发音与正确的措辞。语言的目的，在于传达思想。如果不能清楚地表达你的想法，或使用引不起别人兴趣的说话方式，将是失败透顶的事。

3. 勤于练习笔下功夫

选几个社会性的问题，在脑中想好关于这些问题可能出现的认同意见与反对意见，并假设争论的具体情况，然后再把它写成流利的文章，同样是很好地提升自己语言表达能力的方法。

人际指南

如果在双方初次见面时，留下的是负面的第一印象，那么，即使你的专业再强，你的个性或能力再好，也很难再有证明的机会了。

第 11 讲　创造良好的交谈氛围

想与陌生人套好交情，注意对方的满意度，注意你们谈话的气氛，这是你们的友谊、关系继续发展下去的关键。只要能够让第一次接触愉快地结束，那么接下来的交往就会简单得多。不管是在任何有陌生人出现的场合，如果你能适时地活跃一下交谈的氛围，让别人愉快地交谈，那么你就能结识任何一个陌生人。

当年毛泽东主席第一次接见国民党谈判代表刘斐先生，刘斐先生非常紧张，气氛也很严肃紧张。没想到毛泽东第一句话就说："你是湖南人吧？老乡见老乡，两眼泪汪汪。"这番话顿时使刘斐先生的紧张心情没有了，之后的会谈气氛缓和了下来，大家在相对轻松的环境下进行了会谈。当彼此都能够处在轻松氛围的时候，那么交谈一定会带给我们意想不到的收获。

英国有一位企业家，他一生都在推销一种产品，那就是录音机。他所经营的公司，每平方米成交金额是全球最高的，他的业绩进入世界金氏纪录。有家媒体采访他，问他成功的秘诀是什么。他说："每当顾客来买产品，公司员工一定会留下这位顾客的联络方式，总公司设有一个电话问候部，在顾客买产品 3 天后，一定会打电话过去，感谢他们买下公司的产品，问顾客对公司的产品是否满意，如果不满意，我们应该如何改善。"他们绝不会在电话中推销另一种产品，他们这种真诚的问候，给顾客的感觉非常好，他们非常乐意继续购买该公司的产品。

努力造成一种轻松愉快的气氛，首先从你自己做起：

（1）同对方谈话要直率而坦然。最要紧的是使对方不感到拘谨。

（2）当对方谈兴正浓时，你千万不可打断他。

（3）而当对方兴趣转移时，你则不要纠缠原来的话题，而应随机应变地巧妙地引出新话题。

（4）要认真倾听对方的讲话，但不能一眼不眨地紧紧盯住对方（任何人都受不了这种眼光）。你的眼神要随时表现出你对他的理解、信任和鼓励，而不是怀疑、挑剔和苛求。

真正的沟通高手能够始终控制交际场合，能够保持自然的氛围。这样的氛围是最让人感到舒服的，也是最能促进沟通与了解的。因此，我们一定要学会自然地与陌生人沟通，让陌生人最终成为我们的朋友。

人际指南

要融入氛围，适时而说。即使有心夸赞别人，说"漂亮话"，也要注意当时的氛围，不要说过场话、空话。若你与大家说话的氛围格格不入，或者不择时机，说一些让人听后不能接受的话，反而会成为众矢之的。

第12讲　微笑拉近彼此距离

微笑可以表现出温馨、亲切的情绪，能有效地缩短双方的距离，给对方留下美好的心理感受，从而形成融洽的交往氛围。用你的微笑去化解人与人之间的坚冰，去面对一切，那么任何阻碍都会在你的微笑前低头。

如果微笑能够真正地伴随着你生命的整个过程，就会使你超越很多自身的局限，使你的生命自始至终生机勃发。用你的微笑去欢迎每一个人，那么你会成为最受欢迎的人。

有些人认为，与陌生人打交道是一件比登天还难的事情。他们时常会这样抱怨："我对对方已经很和善友好了，为何还是不能让对方对我产生好感呢？"与陌生人见面，我们表现得足够热情固然可以拉近彼此之间的距离，但还是不能走进对方的内心，很重要的一个原因就是：忘记了微笑。

有人做了一个有趣的实验，以证明微笑的魅力。他给两个人分别戴上一模一样的面具，上面没有任何表情，然后，他问观众最喜欢哪一个人，答案几乎一样：一个也不喜欢，因为那两个面具都没有表情，他们无从选择。然后，他要求两个模特儿把面具拿开，现在舞台上有两张不同的脸。他要其中一个人把手盘在胸前，愁眉不展并且一句话也不说，另一个人则面带微笑。他再问观众："现在，你们对哪一个人最有兴趣？"答案也是一样的，他们选择了那个面带微笑的人。上面这则例子充分说明了微笑是最受欢迎的。

我们如何才能学会微笑，掌握这个化解人与人之间坚冰的表情呢？

（1）你要相信自己的微笑是世界上最美丽的微笑。

（2）让那些能够带来轻松愉快的事情围绕着你。

（3）尽量消除或减少一些负面消息对你的影响。

（4）每天努力去寻找那些你周围幽默和欢乐的事情。

（5）最重要的一点就是要学会自己微笑。

人际指南

记住一点，微笑不仅仅是为了别人，更是为了自己。向你身边的每个人都露出一个愉快的微笑吧，那样你会赢得一个和谐的世界，因为微笑是两个人之间最短的距离。

第 13 讲　衣装是人的门面

莎士比亚说："衣装是人的门面。"渴望成功的有志者应该像选择伴侣一样谨慎地选择衣装。某个哲学家也说过一句精妙的话："让我看看一个妇女一生所穿的衣服，我就能写出一部关于她的传记。"

　　我国有句老话，"人靠衣装马靠鞍"。一匹马配什么样的鞍，骑上去的效果很不同，而一个人穿什么样的衣服也会体现出一个人的品位及内涵。意思很简单，就是说外在形象对于一个人来说非常重要。在日常生活中，我们常常听到这样的劝告：不要以貌取人。但是经验告诉我们，做到这一点并不容易。从人的审美眼光出发，爱美之心人皆有之，人们对美的认识，很多时候是从第一印象中萌发的，而人的仪表恰好承担了这一"特殊"的任务。

　　一个人的仪表主要由容貌、着装等构成。相貌多半是天生的，外人无法要求，而着装却是可以改变的。我们在社会交往中，服饰美带给人的印象是强烈而且有决定意义的，我们所说的外在气质美，尤其是仅与人交往一会儿即能感到其的气质美，大部分原因在于他得体的服饰。所以，不管什么人，要想穿出品位，穿出气质，穿出魅力，就必须建立适合于自身的穿衣哲学。

　　服饰是一门高深的艺术。一个人穿什么，怎么打扮绝不是随随便便的事情，它必须与个人的性格、气质、职业、年龄以及环境相协调，必须符合社会礼仪规范和时代审美观念。

　　人不是由衣装造就的，但衣装给我们的社交生活带来的影响远远出乎我们的意料。别扭、寒酸、不合身的衣服不仅会使人失去自尊，还会使人失去舒适和力量感，而得体的衣装则使人风度翩翩、谈吐自如。穿着得体使人举止优雅，而低劣的衣服只会使人在交际中感到心情紧张。

　　质于内而形于外，文化修养高、气质好的人，懂得如何修饰自己的形象。大家平时喜欢穿休闲装，因为它舒服、自由，对人没有约束感，而套装往往被忽略。套装对上班族来说，永远都是一项最有力的门面。穿着套装为你增添的沉稳度和专业感，不知能省下多少唇舌和精力呢！所以，即使你已经拥有人人称羡的事业，套装依然是你的必备品。

人际指南

合体的装束使人感觉清爽、利落，新颖别致的服饰会使你更加精神抖擞、楚楚动人。得体的服饰不仅可以展示自己的个性风采，反映人的精神面貌，而且还可以在社交中展现个性魅力、提高自信心。

第14讲　简洁有效的开场白

在与陌生人交往中，口语交际是一大难关。第一次见面说得好会给人留下深刻的印象，甚至让人终生不忘，可以一见如故，相见恨晚；而说得差会使人反感，导致四目相对，局促无言，只想尽快结束才好。所以，第一次的交谈最好要一炮打响。因此，什么样的开场白能够瞬间打动人心，是我们每个人都必须要考虑的问题。

众所周知，与陌生人进行交流，最难的就是如何开口说好第一句话。

1. 找准话题，引起双方的谈话兴趣

在与陌生人开始交谈时，最好的办法是试着从一个话题换到另一个话题，如果某个话题不行，再试下一个；或者轮到你讲话时可以讲述你曾经做过的事情或想过的事情，比如养鱼种花、旅行计划或其他已经谈过的话题。不要对片刻的沉默感到慌张，让它自然过去即可。

2. 一个幽默、吸引人、有创意的开场白，往往会收到意想不到的效果

在南部非洲发展共同体首脑会议上，南非前总统曼德拉领取了"卡马勋章"，在接受勋章的开场白中，他幽默地说："这个讲台是为总统们设立的，我这个退休老人今天上台讲话，抢了总统的镜头，我们的总统一定很不高兴。"话音一落，笑声四起。

3. 坦白说明自己的感受

例如你可能在舞会上对自己嘀咕：我太害羞，与这种舞会格格不入。或是刚好相反，你认为许多人讨厌这种舞会，但是我很喜欢。无论如何，你应该将你的感受向第一个似乎愿意听你倾诉的人说出来，这个人可能就是你的知音。

4. 主动打破沉默

有一位著名的企业家有一个与众不同的结识他人的方法。每次出差到各地的时候，他都选择乘坐飞机的头等舱。一般情况下，头等舱里坐的都是些成功人士或是名流等，只要谦虚有礼，肯放下架子，去主动结识，那些人通常都不会拒绝。毕竟在那样的密闭空间里，也没什么事情可做，聊聊天是不错的打发时间的好办法。

这位企业家常主动问旁边的人："可以跟您聊聊天吗？"简单的开场白，轻松自如，非常容易令人接受。也正是通过主动结识、虚心请教的方法，这位企业家认识了不少社会上的顶尖人物，其中就有人成为了他的好朋友，并在事业上也给予过他很多帮助。

人际指南

一个好的开场白会使你在他人面前留下良好的第一印象，为你拓展人缘打下坚实的基础。

第 15 讲　做个漂亮的自我介绍

自我介绍是人与人进行相互沟通的出发点，最突出的作用，就是缩短人与人之间的距离。如果你想要从其他人那里获得什么，就不要将你自己淹没在人群中或者躲在被人们遗忘的角落。站出来勇敢地向对方介绍自己，只有对方知道了你的存在，你所期待的一切才有可能发生。

在社交或商务场合，如能正确地利用自我介绍的机会，不仅可以扩大自己的交际圈，广交朋友，而且有助于进行必要的自我展示、自我宣传，并且替自己在人际交往中消除误会、减少麻烦。

做好自我介绍首先要注重的原则就是简明扼要，当你第一次与人见面时，只需告诉别人你的名字、职业和一些大概的情况就可以了。你说多了别人也记不下来，对沟通也没有益处。在向他人做自我介绍的时候，我们还要重视的一个问题就是实事求是。人们都喜欢用华丽的语言包装自己，好让自己看上去更加出色，其实大可不必这样。智慧的人很容易识破他人的浮夸，从而对你产生不信任。因此，做自我介绍最明智的做法就是实话实说。

对方在试图与你建立关系时，总会打听你是做什么的。如果你的回答很一般，比如只是一句"我是某公司的经理"，你就失去了与对方继续交流的机会。你可以这样回答对方："我在某公司负责一个小组的管理工作，主要为我们的网络开发软件。我喜欢骑马，爱好打网球，并且喜爱文学。"这种简单而不失个性的介绍不仅为你的回答增添了色彩，也为对方提供了不少可以继续的话题，说不定其中就有对方感兴趣的。当他表示"哦，你打网球？我也喜欢"时，你们就建立起了一种最初的关系。

自我介绍的具体形式：

1. 应酬式

适用于某些公共场合和一般性的社交场合，这种自我介绍最为简洁，往往只包括姓名一项即可。"你好，我叫××。""你好，我是××。"

2. 工作式

适用于工作场合，它包括本人姓名、供职单位及其部门、职务或从事的具体工作等。如："你好，我叫××，是××公司的销售经理。""我叫××，在××学校读书。"

3. 交流式

适用于社交活动中，希望与交往对象进一步交流与沟通。它大体应包括介绍者的姓名、工作、籍贯、学历、兴趣及与交往对象的某些熟人的关系。如："你好，我叫××，在××工作。我是××的同学，都是××人。"

4. 礼仪式

适用于讲座、报告、演出、庆典、仪式等一些正规而隆重的场合。包括姓名、单位、职务等，同时还应加入一些适当的谦辞、敬辞。如："女士们、先生们，大家好！我叫××，是××的总经理。值此之际，谨代表本公司热烈欢迎各位来宾莅临指导，谢谢大家的支持。"

人际指南

自我介绍时，态度一定要自然、友善、亲切、随和。应镇定自信、落落大方、彬彬有礼。既不能唯唯诺诺，又不能虚张声势，轻浮夸张。

第16讲　恰当地称呼初次见面的人

人际交往离不开语言。如果把交际语言比喻成浩浩荡荡的大军，那么称呼语便是这支大军的先锋官。没见哪个人不打招呼就说话的。然而仅仅有称呼也不行，还要看你的称呼是否合适，因为人们对称呼的使用恰当与否，一般来说都很敏感。尤其是初交者，它在一定程度上影响着你这次交际的成败。

在《艺术人生》的一期节目里，央视名嘴朱军也为自己的口误固执了一回。在那期节目中，朱军在请毛泽东的嫡孙、毛岸青的儿子毛新宇上台讲述爷爷、奶奶的往事，毛新宇刚一上台落座，朱军立即语气沉重地说："不久前，毛岸青去世了，首先，向家父的过世表示哀悼。"

此语一出，观众大跌眼镜。众所周知，在中国，家父、家母是说话人对自己父母的尊称，而对方父母应当称令尊和令堂。这种称呼对于中国人来说是一种常识，作为央视名嘴，竟然犯这样的错误实属不该，于是就有人传说朱军文化素质不高，不配做公众人物，甚至有观众要他"下课"等，一场"家父门"事件也因此上演了。

恰当的称呼应考虑对方的身份。比如，一位在田里赤膊劳动的上了年纪的农夫，你称他为"大爷"较为适宜。若称之为"老先生"，似乎就含有讽刺意味。反之，在校园中遇到一位夹着讲义从教研室出来的上了年纪的女教师，你若称她"大娘"，也容易引起对方的反感。

以"心底无私天地宽"为题进行演讲而著名的曲啸，有一次应邀去某市向犯人演讲。事先，他对演讲开头的称呼做了仔细研究：叫同志吧，不行，对方不够资格；叫罪犯吧，也不行，因为犯罪人讨厌"罪犯"这个词，正像一个偷东西的人怕提"贼"字一样。当然，不称呼也不行。最后，思索再三，曲啸终于确定了如下称呼："触犯了国家法律的年轻的朋友们"。这个称呼在会场上说出，立即引起了全体犯人的热烈掌声，有许多人当时就掉下了眼泪。接着，3个半小时的演讲，不仅无一人退场，甚至连挪动位置的都没有。

在对别人的称呼上是绝对不能马虎的，总结起来，有以下几个原则：

1. 要看对方年龄

老话说得好："逢人短命，遇货添钱。"意思是说，人家的年龄，要少说三五岁，人家的东西，要往贵了说。如今的老年人都有一种不服老的心理，其中女性尤甚，能喊"阿姨"的就别喊"奶奶"。

2. 要考虑自己与对方的亲疏关系

比如，对你的好朋友或关系较好的同事，直呼其名更显得亲密无间，欢快自然。若是你见了多年未见的姐妹，直喊"女士"反而会把关系疏远。当然，为了打趣故作"正经"，开个玩笑，也是可以的。

3. 称呼别人的时候还要考虑到别人的职业

对不同职业的人，应该有不同的称呼。比如，对农民，应称"大爷"、

"大娘"、"老乡";对国家干部和公职人员、对解放军和民警,最好称"同志";对医生应称"大夫";对教师应称"老师";对港台同胞、外籍华人,要称"先生"、"太太"。

4.要注意区域性

有些称呼,具有一定的地域性,使用不通行的称呼就会带来麻烦。

人际指南

在政府机关、企业单位,等级比较森严,如何艺术地显示对方的职位等级非常重要。

第17讲　回避错误的称呼方法

称呼指的是人们在日常交往应酬之中所采用的彼此之间的称谓语。在人际交往中,选择正确、恰当的称呼,能反映出自身的修养、对对方的尊敬程度,甚至还体现出双方关系发展所达到的程度和社会风尚。选择称呼要合乎常规,要照顾被称呼者的个人习惯、入乡随俗。

在交往中使用称呼时,一定要回避错误的做法。错误的称呼,主要表现为尊重不够,准备不足,知识局限,粗心大意等。避免常见的错误称呼要注意以下几个方面:

1.误读

常见的错误称呼无非就是误读或是误会。误读也就是念错姓名。比如,"仇"(qiú)不能读 chóu、"郇"(huán)不能读 xún、"查"(zhā)不能读 chá、"盖"(gě)不能读 gài、"仉"(zhǎng)不能读 nǐ、"覃"(qín)不能读 tán、"尹"(yǐn)不能读 yī 等。

为了避免这种情况的发生,对于不认识的字,事先要有所准备;如果是临时遇到,就要谦虚请教。

2. 误会

误会，主要指对被称呼的年纪、辈分、婚否以及与其他人的关系做出了错误判断。比如，将未婚妇女称为"夫人"，就属于误会。

3. 过时的称呼

有些称呼，具有一定的时效性，一旦时过境迁，若再采用，难免贻笑大方。例如：在我国古代，对官员称为"老爷"、"大人"。对男士当面称呼"爷们儿"，若将它们全盘照搬进现代生活里来，就会显得滑稽可笑，不伦不类。

4. 不通行、不适当的称呼

有些称呼，具有一定的地域性，比如山东人喜欢称呼"伙计"，但南方人听来"伙计"肯定是"打工仔"。中国人把配偶经常称为"爱人"，在外国人的意识里，"爱人"是"第三者"的意思。

5. 庸俗低级的称呼

有些称呼在正式场合不适合使用。例如，"兄弟"、"哥们儿"等一类的称呼，虽然听起来亲切，但显得档次不高。

6. 绰号

对于关系一般者，切勿自作主张给对方起绰号，更不能随意以道听途说来的对方的绰号去称呼对方。至于一些对对方具有侮辱性质的绰号，更应禁止。

7. 性别差异

同性的朋友、熟人，若关系极为亲密，可以不称其姓，而直呼其名。如"志刚"、"丽韵"。对于异性，则一般不可这样做。要是称"刘俊英"、"刘凤玲"为"俊英"、"凤玲"，人们往往会认为他们不是其家人，便是其恋人或配偶了。

8. 需注意谐音

对年纪轻者，常称呼小张、小王、小李、小刘等等，但对方如果姓"卞"、姓"苟"，就不适宜了！

对于工程技术人员，特别是有工程师职称者，我们常称呼王工、李工、刘工、张工等，简洁而尊敬；但对方姓"吴"，就要注意了！

对于女性，有时会称张姐、李姐、王姐、刘姐，但千万不能称呼"姚姐"，容易误解！对于男性，可称呼斌哥、发哥，但叫"伟哥"就不被喜欢了！

人际指南

> 时代的变化，使得人与人之间的称呼也悄悄跟着变化。现在如果谁还在不适当的场合，把女孩子叫作小姐，把女士叫作大姐，很可能会招来白眼。

第 18 讲　举手投足尽显风采

人与人交往中初次的见面最为重要，第一印象往往对彼此的进一步交往起着决定性的作用，如果在初次见面时不知礼，那么初次很可能就是最后一次了。

靠初次的接触去判断一个人，虽然这并不完全准确，有时难免出现失误，但这保证了我不消耗无用的精力在重复的不停的论证当中。重要的人物都将时间看得特别重要，因为他们没有太富裕的时间去专门关注一个人的长期表现，所以在首次接触的时候，他已经对你的价值下了一纸"宣判"。

举止是一个人自身素养在生活和行为方面的反映，是一个人涵养的表现。我国古代对人体的姿态和举止就提出了"站如松、坐如钟、行如风"的审美要求。正确而优雅的举止，可以使人显得有风度、有修养，给人以美好的印象，反之，则显得不雅，甚至失礼。

很多人对提倡礼仪没有足够的重视，不以为然。他们说："搞那些客套的形式有什么用？""都是些生活小事，不值得三番五次地宣传。"这种认识是错误的。礼貌是人们共同遵守的一种行为规范和道德准则，它是通往相互友好和尊重的一道桥梁。

一个彬彬有礼的人具有谦逊质朴、真诚待人这些优秀品质。在这方面，周恩来总理是一个好榜样。周总理待人接物总是谦虚恭敬、彬彬有礼。在他身上这种形象处处可见。他去理发时，服务员考虑总理工作忙，请他先理，总理总是坚守制度，按次序排队理发。理完发，还从不忘说声"谢谢"。

中国素称"礼仪之邦"，用礼仪来表达自己的感情，这是许多人熟知的。礼仪能够表达出诸如欢迎、敬重、真诚等感情，但也要有礼有度。物极必反是做任何事共有的规律，所以待人要自然而有分寸。

1. 坐立行走要文雅大方

无论在什么场合，你都应自觉地保持一种良好的坐态，以显示自己应有的文明教养。

2. 举手投足要自信亲切

在社交场合，你的一举一动，都要自然而庄重，既不摆架子、指手画脚、盛气凌人，又不唯唯诺诺、畏首畏尾、诚惶诚恐，喜怒哀乐要深沉有度。

3. 控制情绪

每个人都是社会中的一员也必有喜怒哀乐，但是在公共场合中，个人的喜怒哀乐不仅代表自己的情绪，而且还将影响公众的情绪，因此，要理智地加以控制。

人际指南

举止风度是一个人在运动状态下的亮相。它包括坐立行走、举手投足、喜怒哀乐所表现的各种行为姿态，被人们称之为心灵的轨迹。

第19讲　记住对方的名字

"记住别人的名字"是与陌生人进一步交往、发展友谊的交际谋略之一。在人际交往中，绝大多数人都是非常看重自己名字的。如果你能叫出别人的名字，就代表着你对他的尊重，反之则是轻视。因此，应当用心地记住与你相识的人的名字，见面时轻松地把它叫出口，这样你就会赢得别人的好感。

不少人拼命地想使自己的名字永垂不朽。古时，一些有钱的人把钱送给作家，请他们给自己著书立传，使自己的名字留传后世。现在，我们看到的所有教堂，都装上彩色玻璃，变得美轮美奂，以纪念捐赠者的名字。不言而喻，一个人对他自己的名字比对世界上所有的名字加起来还要感兴趣。

卡耐基曾经说过："一个人的姓名是他自己最熟悉、最甜美、最妙不可言的声音，在交际中最明显、最简单、最重要、最能得到好感的方法，就是记住人家的名字。"

一次，一位年轻人去拜访一位顾客，去之前他先调查了一些关于这位顾客的资料，这位顾客全名，尼古得玛斯·帕帕都拉斯，这么一长串名字记起来真的很费劲，这位年轻人发现叫尼古得玛斯·帕帕都拉斯周围的朋友一般都简称他为尼古，于是他也想这么称呼这位先生，但是转念一想，他与这位顾客才刚刚认识还不算熟悉，应该叫人家的全称更能表达出自己对他的尊重。于是，一天早上，这位年轻人老早地来到了叫尼古得玛斯·帕帕都拉斯所在的社区，刚好在社区门口遇到了他，于是年轻人就大大方方地跟他打招呼说："尼古得玛斯·帕帕都拉斯，早上好！"谁知尼古听到这个称谓惊呆了，他说自己都活了四五十年了，从没有一个人会试着用他真正的名字来称呼他，之后年轻人受到了尼古的热情招待。这位年轻人就是钢铁大王卡耐基。

心理学家也证实，当许多人坐在一起讨论某个问题时，如果你在发言中提到了某个朋友的名字及他所说过的话，那么被提到的这个人就会对你的发言重视一些，容易接受一些，这就是"尊重"的作用。因此，你可以通过记住别人的姓名来传达尊重，再收获尊重。

人际指南

记住人家的名字，而且很轻易地叫出来，等于给别人一个巧妙而有效的赞美。

第20讲 学会"没话找话"

亚里士多德曾经说过一句话："因为双方都没有开口，很多友谊就这样失去了。"如何与陌生人沟通好，是我们人际交往的关键。我们看过相声，知道说相声有两个演员，一个逗一个捧，通过一唱一和抖出密集的包袱来让我们开怀大笑。与陌生人交往的时候，如果你能学会相声中的这些技巧，就可以很容易和别人打成一片了。这就需要你在和陌生人交谈的时候，掌握主动权，学会"没话找话"，以打开对方的心扉。那么我们如何与陌生人"没话找话"呢？

1. 借题发挥

和陌生人初次见面交流，也许很快就会陷入尴尬的局面，或者出现冷场的情况。这时，你可以拿出一些随身携带的小物件，然后引发话题。比如，你可以根据对方身上的装饰，再掏出自己身上的某个小饰物，然后借题发挥。这样也可以引发很多话题，可唤起大家交流的兴趣。

2. 寻找话题

可采用自言自语方式，例如"今天天气不错"，对方听到这句话便可能主动回应你将谈话进行下去。还可以以动作开场，随手帮对方做点事，如推一下行李箱等。也可以从对方的口音寻找切入点，例如：听出对方的北京口音，就可以说"北京人吧"，以此话题便可展开。开口交谈后，下一步就是如何将谈话进行下去。再者，也可与陌生人一起谈谈周围的环境。如果你十分好奇，你自然会找到谈话题目。例如，一个陌生人审视周围，然后打破沉默，开口说："在鸡尾酒会上可以看到人生百态！"这就是一句很有趣的开场白。

人际指南

在询问对方的时候，也应该注意一些禁忌问题，不要开口便问："你挣多少钱？"这是很不礼貌的行为。

第 21 讲　通过寒暄找到突破口

与人沟通，自然离不开与陌生人打交道，初次交往彼此都会存有一定的戒心，这便形成了双方沟通的一个最大的障碍。那么如何打破这种障碍，就成了交往能否顺利进行下去的一个决定性因素。

事实上，不管是多么能言善道的人，并不见得从头到尾都能够妙语生花，讲出一些动人心魄的言辞。或许在神经放松之后，才有一些感动人的言辞出现呢！

寒暄就起到了放松神经的作用。寒暄的话题十分广泛，比如天气冷暖、身体健康、风土人情、新闻大事。见面寒暄几句，虽说是一般的生活常识，但也不容忽视。它不但是社会交往的一种手段，而且几句正中下怀的寒暄话，可以为扩大人与人交往的其他话题，寻找突破口。

寒暄如何进行呢？有下面几点要注意：

1. 主动

寒暄是表达"我尊重你的存在，向你敞开心扉"的意思。虽然寒暄时的用语和表达方式会因为每个人的文化和习惯有所差异，但是寒暄中的"笑脸"、"主动打招呼"是普遍的准则。生活中许多人对于不带微笑的寒暄，极易产生不快的感觉。假如我们有求于别人，遭到别人微笑地拒绝，我们也不至于太过抱怨。因为同样是拒绝，如果对方虽然礼貌，却无半点笑容，我们就会觉得受到冷遇，不愉快的心情也就油然而生。

2. 通过谈论对方的外貌来寒暄

在人们初次见面的时候，总会在陌生人的面孔上寻找自己亲朋好友的影子，说"你长得好像××……"之类的话。因此，在和陌生人交谈的过程中，恰当地用谈论对方外貌的方法来"套近乎"就是一种很不错的交际方式。

善于交际的小张和沉默寡言的小李初次见面的时候，小张很巧妙地把话题引向这位新朋友的相貌上。"你长得太像我的一个表弟了！我刚才差点把你当成他呢！你们俩都是大高个儿、白净脸，都有一种沉稳的气质……""真的？"两个人的话匣子就此打开了。

3. 在对对方有所了解的情况下寒暄

在罗斯福出访非洲回来的宴会上，看见许多不相识的人，这些不相识的人都是美国政界名流、贵族名门、金融家，他们对罗斯福，并不显得存有太多的善意。

但罗斯福很快想出靠近他们的对策来。他通过身边的助手，了解到这些陌生人中每个人的性格特征、兴趣爱好等大概情况。然后，罗斯福就去向那些人逐个寒暄，并跟他们谈及他们最喜欢听的事情和他们的事业，结果许多人对罗斯福的看法都大为改观。

4. 注意场合

在庄重的场合，寒暄也应该与环境保持一致，要热情但不失庄重；而在轻松场合下，寒暄则要本着轻松但又不流入庸俗的原则。在日常生活中，常有由于寒暄不当而产生尴尬的情形，这在人际交往活动中要尽量避免。

人际指南

一般而言，寒暄被认为是个单纯的礼仪，但如果其中能加入些了解对方所处立场的话题时，那么寒暄就不只是打招呼，而是一种感情的投入。

第 22 讲　找到与对方的共同点

每个人的社交圈，实际上都是以自己为圆点，以共同点（年龄、爱好、经历、知识层次等）为半径构成的无数同心圆。共同点越多，圆与圆之间交叉的面积越大，共同语言越多，也越容易引起对方的共鸣。比如，同班同学就比同校同学亲密，同宿舍的又比同班的要好，同桌比同宿舍的更容易建立起牢固的友谊，如果既是同桌又是老乡，那你们简直可以成为铁哥儿们。

我们在和陌生人交往的时候，不妨从寻找你们双方的共同点入手，在你们彼此越谈越投机的过程中，获得更多关于对方的信息，拉近彼此的距离，增进感情，也许会给你带来意想不到的收获。如何找到共同点呢?

1. 听人介绍，猜度共同点

你去朋友家串门，遇到有生人在座，作为对于两者都很熟悉的主人，会马上出面为双方介绍，说明双方与主人的关系、各自的身份、工作单位，甚至个性特点、爱好等，细心人从介绍中马上就可以发现对方与自己有什么共同之处。

一位县物价局的局长和一位"县中"的教师，在一个朋友家碰面了，主人把这对陌生人做了介绍，他们马上发现都是主人的同学这个共同点，马上就围绕"同学"这个突破口进行了交谈，相互认识和了解，以至变得亲热起来。这当中重要的是在听完介绍之后，仔细地分析认识对方，发现共同点后再在交谈中延伸，不断地发现新的共同关心的话题。

2. 察言观色，寻找共同点

有时在面对陌生人的时候，我们完全没有时间去做准备工作，这就需要你多注意观察了，关注对方的细节，从一些蛛丝马迹中，了解到一些有用的信息。

一个人的心理状态、精神追求、生活爱好等，都或多或少地要在他们的表情、服饰、谈吐、举止等方面有所表现，只要你善于观察，就会发现你们的共同点。

在谈话过程中，你可以试探性地问一些问题，在这些问题中寻找到双方的共同点，比如，你可以说"听您的口音好像是×××的，我们好像是老乡呢。"只要找到双方的共同点，交谈氛围也就会变得更为轻松愉快了。

3. 揣摩谈话，探索共同点

为了发现陌生人同自己的共同点，可以在需要交际的人同别人谈话时留心分析、揣摩，也可以在对方和自己交谈的过程中揣摩对方的话语，从中发现共同点。

张健去一个涂料厂推销产品，开始谈的时候很拘谨，还是按照一般顺序介绍产品和服务。当张健提出要给客户安装试用自己的软件的时候，客户说："最近网通一直升级，我买的路由器坏了，就是上次在电脑城那买的。说要升级的，现在坏了还没有人来。"张健正好认识他所说的那家电脑商，就马上接上话头说："是不是那家姓高的，130元买的？"那个厂长马上眼睛一亮，连声说："是啊，是啊！"两人关系一下熟悉了很多。

4. 步步深入，挖掘共同点

为了使交谈更有益于双方，必须一步步地挖掘深一层的共同点，才能如愿以偿。

人际指南

实际上，寻找共同点的方法有很多，譬如共同的生活环境、共同的工作任务、共同的出行方向、共同的生活习惯等。只要你善于发掘，就能很轻松地打开同陌生人交谈的突破口，和陌生人展开畅快地交谈。

第23讲　利用现有网络拓展朋友圈

生活中，有的人虽然意识到朋友圈的重要，但是，却不懂得怎样去经营，而是急于求成。

事实上，急于拓展朋友圈的想法可能使一个人很难交到知心朋友，因为朋友圈是个循序渐进的过程，你要想交到真正的朋友，不是一天两天就可以的，还得有个彼此相互了解的过程。了解了，认可对方，欣赏对方，交往时间长了，就自然成为知心朋友了。

尽快建立好人缘的一个比较省事的方法是利用你现有的"圈子网"，以这张网为基础进行"编织"，你的网会扩大得很快。这就跟蜘蛛织网相似，在旧网上织一张新网总要比重新编织要快得多。下面推荐一些好的方法。

1. 利用"老乡"关系

"美不美，家乡水；亲不亲，故乡人。"利用"老乡"关系建立人缘那是很自然的事。

2. 利用"校友关系"

人是有感情的动物，他必须时时刻刻进行感情上的交流，他需要友谊。在迈向成功的道路上，要想坚持到底，只依靠信念的支撑是不够的，还必须有友谊的润泽。良好的朋友关系会使你获得一种强大的力量，在成功时得到分享和提醒，在挫折时得到倾诉和鼓励，这必将会大大增进你心理的有益平衡，从而使你有勇气迈向新的征途。

3. 利用"同事关系"

利用你在单位的同事之间的关系，一个同事又能帮你带来一连串的资源。

4. 创造机会相识"圈子"

要建立一个好人缘，支起一张"圈子网"，你必须积极主动。

5. 创造"偶遇"

这要求你在偶然撞见目标对象的两三分钟内，邀请对方稍后再碰面聚聚。这种招数简洁有力，让人觉得又快又有意义。

偶遇使你很快和对方认识，并搭起足够的关系，以方便下次再聚，之后又继续各自的活动的一种方式。你参加社交聚会，当然想在有限的时间内认识愈多人愈好。记住，你并不是要在此结交挚友，而是要认识足够多的朋友，以方便后续追踪。

人际指南

在生活中，优势者对劣势者、强者对弱者的体恤，是一种遵循世道人心法则的智行善举，它往往会在人群中产生向心效应，提升自己的尊者风范、亲者风度，其"朋友圈资源"就会有效地被你开掘利用，使你成为人们的尊敬者、崇拜者。

第三章

战略性构筑朋友圈

——打造朋友圈

第 24 讲　要在海洋上垂钓

在亚洲，私人企业的辉煌大多是由其创始人一手缔造。在本地的社交圈子和自身家庭内部，包括与当地政府机构或者其他对企业有帮助的投资者之间的关系，他们都会努力维护并善于利用。同时，在家族对企业拥有绝对控制的前提下，他们把握市场机会的手段也非常灵活。

现在，家族企业面临着新的挑战，一些企业开始进入扩张和标准化的阶段。当他们开始关注企业增长规模时，原来那种小圈子内部相互支持和努力工作的成长模式就不再适用了。企业和个人都需要突破原有的圈子。

有个年轻人，是某小城镇企业家的继承人，他酷爱旅行。他的父亲非常不解，总认为他不务正业。然而有一年，企业运作上出现了严重的问题。正在一筹莫展的时候，这个年轻人想起他在某地旅行的时候结交的一位企业家朋友，年轻人就与那个企业家取得了联系。在那个企业家的帮助下，企业总算渡过了难关。

其实我们可以把这个年轻人的父亲比作是在小池里钓鱼的人，年轻人则是在海洋上垂钓的人。

实际上，许多人都囿于个人生活与工作的狭小范围与具体环境的局限，除了自家人和亲戚关系，还有那么几个同学、同事、朋友和熟人，都是"顺其自然"，被动形成的。许多中年人和老年人大多一直过着"两点一线"的生活，就是几十年如一日地只在家庭和工作单位之间来往。作为个人，能有意识地选择和结交朋友、有意识地建立自己的信誉、经营朋友圈的寥寥无几，这是营造朋友圈网的遗憾。

一个人如果不突破旧有环境的束缚，他就难以获得更大的发展空间，就很难取得重大突破，当他将自己局限在一个狭小的空间里，只会作茧自缚。

人际指南

其实很多人已经拥有了朋友圈，但是却不会使用朋友圈，而解决的办法就是使用。

第 25 讲　患难朋友是潜力股

俗话说："平时不烧香，临时抱佛脚。"那样即使佛祖有灵，也不会帮助你。因为你平常心中就没有佛祖，有事才来恳求，佛祖怎会帮你呢？与朋友相处也是一样，如果朋友不得势的时候，你爱搭不理的，人家得势了，你才提着礼物上门，那么人家多半是不会愿意帮助你的。

一个人没落失势时，陷入遭到众人漠视的状态，原来交往密切的人都离他而去，如果你此时伸出援助之手，与之交往，他就会心存感激，铭记一辈子。你的朋友当中，有没有怀才不遇，暂时很不得势的人？如果有的话，不要疏远和冷落他，应该伸出热情之手，给予帮助和关心。对待落魄、失势者的态度不仅是对一个人交际品质的考验，而且也是建立良好朋友圈的契机。世事沧桑，复杂多变，实难预料。昨天的权贵之人，今天可能成为平民；路边乞丐，一夜之间也可能平步青云。

如果我们不那么急功近利，能够与那些暂时不得势的人交往，并成为好朋友，那就会取得完全不同的效果。就如同买股票一样，我们买了最有价值的原始股，其收益和潜力是无法估计的。当失势之人日后否极泰来、时运亨通，他第一个记起来的就是你，他第一个要还人情的当然是你，到那时你找他办事情他肯定也会伸出热情之手的。

有的人虽然能力很平庸，但是风云际会，也会成为明运通达的人物。人在得意的时候，就会把一切都看得很平常、很容易，因为此时他成功了，拥有了自负的资本。此时你的境遇地位如果与他相差不多，交往当然无所谓得失，在他眼里也看不出你的刻意巴结。但如果此时你的境遇地位不及他，难免会让人有趋炎附势的感觉。

如果与那些暂时不得势的人交往，并成为好朋友，通常可以培育出可靠的朋友圈，这更能体现出一个人在构建自己的朋友圈网络时是否具有远大的目光。在为自己成功构建相匹配的朋友圈网络时，还要有博大的胸怀。所谓莫逆之交、患难朋友，往往就是在困难时期产生的，这时形成的友谊是最有价值，最令人珍视的。

对于那些"不得势"的或者"暂时失势"的英雄，我们应该用以下方式对待：

1. 继续与他们交往

面对落魄之人，不要嫌弃他们。此时与他们交往，要有正确的态度，不应表示怜悯，而应尊重他们，要热情、真诚地继续当成朋友对待，使他们看到在最困难的时候也有朋友在自己的身边，有助于克服悲观情绪，振奋起来。

2. 进行具体帮助

通常，落魄者会遇到很多生活上的困难，一时难以克服。这时，你应该尽可能给予他们实质的帮助，使他们渡过难关；从思想感情上安慰他们，帮助他们从窘境中摆脱出来，这是最大的帮助。

3. 结交有度、分寸适当

与落魄者交往时要注意自己态度和言行的分寸，以免伤害他的自尊心。比如，同他交谈不要有高高在上的姿态，应该抱着平等、坦诚的态度，这样体现对对方的尊重，使他在心理上容易接受。还有，不要轻易地触及他的"伤口"。

人际指南

与那些暂时不得势的人交往，并成为好朋友，就像买股票一样，可能买到了最有价值的原始股。

第 26 讲　结识生命中的伯乐

姜子牙"钓"到周文王，于是成就了姜子牙开国封王的传奇；诸葛亮遇到刘备，三国鼎立的局面中就有了蜀国；曾国藩遇见了穆彰阿，晚清历史上又有了一位权重一时的显贵；章子怡遇到张艺谋，世界影视圈又多了一位来自中国的璀璨明星；张朝阳遇到尼葛洛庞帝（Nicholas Negroponte），搜狐才有了今日的成就……

为什么别人的机遇好？其实上天给每个人的机会都是相同的，只不过有的人没有抓住，而有些人懂得与生命中每一个遇到的人，建立良好的朋友圈，于是他就得到了比别人更多、更好的机遇。如果你是金子，那么你就要接近那些"独具慧眼"的人，让他们看到你的光芒。

千里马没有伯乐赏识永远只能是一匹普通的马。一个人光有才能还不行，还需要有人来给你提供发挥才能的平台。因此，结交贵人，借梯登高，是想要成功的人必须学会的一门学问。

知名男影星麦克·道格拉斯的父亲是美国老牌影星寇克·道格拉斯。老道格拉斯年轻时落魄潦倒，找不到合适的角色，只能跑跑龙套，没有人认为他能成为明星。有一次，他搭火车时，旁边坐了一位优雅的女士，他与旁边的这位女士攀谈起来，聊到了自己的境遇，也聊到了自己的理想。两人相谈甚欢，并留下了联络方式。

没过几天，老道格拉斯就被邀请至电影制片厂报到。原来，这位火车上的优雅女士是知名制片人，正是由于火车上的那一聊，她知道了老道格拉斯的境遇，并发现了他的才华，那一次无意的聊天成为老道格拉斯人生的转折点。

可见，人生处处充满机遇，甚至有时机遇就在你的身边。

姜子牙出世时，家境已经败落了，所以姜子牙年轻的时候做过宰牛卖肉的屠夫，也开过酒店卖过酒，聊补无米之炊。但姜子牙人穷志不短，无论宰牛也好，还是做生意也好，始终勤奋刻苦地学习天文地理、军事谋略，研究治国安邦之道，期望能有一天为国家施展才华。

虽然他满腹经纶、才华出众，但在商朝却怀才不遇。他已年过六十，满头白发，阅历过人，仍在寻机施展才能与抱负。姜子牙听说周伯姬昌施行仁政，经济发达，政治清明，大得人心，便很想一展雄才大略。此时，姬昌也正在为治国兴邦而广揽人才，于是，姜太公便不辞劳苦，来到了周的领地渭水之滨，得知姬昌时常会路过此地，于是一直在这里钓鱼，却不用钩子，以此来吸引姬昌。终于，姬昌注意到他，对他非常感兴趣，于是姜子牙得展所长，成为周代齐国的始祖。

为了让伯乐看到你，你需要不断地抛头露面。你主动出击的次数越多，你所认识的人也越多；你认识的人越多，认识"伯乐"的可能性也就越大。

认识"伯乐"之后，你可以帮他做事。在伯乐身边做事，你会学到很多东西。你还可以与他一起合作。所谓与马赛跑，不如骑马成功。毕竟站在巨人的肩膀上，成功来得比较容易。

怎样的伯乐才能算是一个好伯乐呢？

1. 评判人才不以自己的喜好为标准

长远来说，喜欢以个人好恶来评判别人的人往往喜怒无常，心胸狭窄，他们对于才华出众却和自己志趣不相投的人都视而不见，从而造成了人才的流失。

2. 知"长"识"短"

没有人是十全十美的，作为伯乐不能只看到千里马的长处，因为他某一方面的优点而掩盖了其缺点，以至于过分放大优点；也不能把千里马的某一方面的劣势变成弱点，笼罩了其他优势和长处，以至于把他的一切都弱化了，丑化了。

3. 以客观的眼光看待千里马

选拔人才确实困难，有时难免会出现偏差。一个好的"伯乐"虽然偶尔会有偏见，可是他能有意识地去排除这种偏见，从而更为客观地评价千里马。这样不仅有助于人才的选拔，更有利于团队整体竞争力的提升。

人际指南

经营朋友圈，其实就是找机会让大家都能认识你，建立别人对你的信赖感，知道你的才能及不可或缺性。最重要的是，要让你的伯乐一眼看中你。

第 27 讲　实践中识别真伪朋友

慎重选择朋友，最重要的是要在实践中识别真伪朋友，考验真假友谊。在结交朋友的过程中，往往会有真诚的朋友，也会有虚伪阴险的朋友，因此，判别真伪好坏朋友，是慎重选择朋友的关键。寓言家伊索曾说："在危险之中，常有被疑的朋友成为救星，被信任的人成为卖友的人。"德谟克里特也说："很多显得像朋友的人其实不是朋友，而很多是朋友的并不显得像朋友。"

俗话说："在家靠父母，出门靠朋友。"朋友犹如鸟之双翼、车之四轮，能够助你轻松飞上高空，快速驶向成功的顶点。因此在与人结交时，应"择善而交"。

交友要从善：交友一定要有道德标准，有所选择，择善而交。不能不分对象，不辨良莠，什么人都交，什么人都敢交。那些阿谀奉承、溜须拍马，常常讲不真实的好话的人，当面一套背后一套或虚情假意的人，往往交友的心术不正，唯利是图，根本上就不是你真正的朋友。要知道，克雷洛夫说过，"在你有权利有名望的时候，卑鄙的人是不敢抬起嫉妒的眼睛看你一眼的；然而，到了你一落千丈的时候，显示最大的毒辣就是他们。"

当相互利用在人的交往中成为一种风气的时候，人们确实应该睁大眼睛了。当友谊被涂上金钱的色彩时，这种被人们称作友谊的东西也就随之发生了质的变化，已经不同于人们常说的友谊了，而是成为一种收买与利用的关系。

结交朋友不能看成是一件简单的事。人人都希望结交好朋友，但这只是愿望，需要你在结交朋友时认真观察，切不可粗心大意，这不是对朋友的不信任，相反，这是一种十分负责的行为。不然的话，也许你因为一时不慎结交了坏朋友而造成终身遗憾，而且一旦造成不良后果，这种错误是无论如何也挽救不回来的。

人际指南

所谓"满腔热血酬知己"、"宁无百金求一友"，"读书不难，难在选读；交友不难，难在择友"，说的都是择友的重要性。

第 28 讲　勿以善小而不为

美国波士顿犹太人屠杀纪念碑上，铭刻着一位名叫马丁·尼莫拉的德国新教牧师留下的短诗：在德国，起初他们追杀共产主义者，我没有说话——因为我不是共产主义者；接着他们追杀犹太人，我没有说话——因为我不是犹太人；后来他们追杀工会成员，我没有说话——因为我不是工会成员；此后他们追杀天主教徒，我没有说话——因为我是新教教徒；最后他们奔我而来，却再也没有人站出来为我说话了。

这首悔恨诗，是一个漠视他人生死的人，临终前的悔悟与自白。让我们记住这个教训，助人为乐，奉献爱心。

一件表面看来毫无关联、非常细小的事情，有可能带来巨大的改变。

给一个人做一件哪怕很小的好事，尽管当时你没有存有回报的想法，但是被你帮助的人毕竟会记在心里，他会替你去宣传，也许他周围的亲友和亲友的亲友都会知道这件事，不断累积起来就会很大。或许有一天，你正好有事情需要请他们当中的某一个帮忙，有念及此，别人也会欣然伸出援助之手。

遇到那些身处困境的人，一定要伸出援手，不要以为你帮不了多大忙，其实你一点小小的举动，人家却可能非常受益。就拿成语"雪中送炭"来说吧，其实送炭的人可能觉得这不过是件小事，可是对于在雪中受冻的人则是大恩大德。

秦晋两国开战，秦军失利，秦缪公被晋国的军队包围了，正在这危急关头，忽然来了一群人，疯子一样冲进了包围圈，硬是把他救了出来。回到自己的阵地，秦缪公惊魂甫定，才仔细去看救他出来的恩人，于是失声说道："原来是你们！"以前，秦缪公的好马丢了，急忙派人去找，后来找马的人回来说，那马已经被一群野人杀掉吃了，秦缪公的手下非常气愤，大家都以为秦缪公会责罚他们，可是秦缪公却说："算了，他们也不容易，我们走吧。"忽然他又想起什么，回头说："我听说吃马肉不喝酒容易生病，把咱们带的酒送给他们好了。"

事情过去好久了，这么一件小事秦缪公也早就忘到九霄云外了，没想到，后来是这些人救了他的性命。为什么？因为一匹马，还有这些人的性命，对于这位秦国的君主来说，并不算什么，只是小事一桩，但对于这些野人来说，就非常重要，他吃了人家的马，人家不但没怪罪，反而赐酒，当然值得以死来报答。

"勿以善小而不为，唯贤唯德，可以服人。"贤德的人，不但具有知善知恶的良知良能，而且不轻视小善之德、小恶之害，能够真正断恶行善，所以令人心悦诚服。

人际指南

有的人很懂得怎么去经营朋友圈，怎么去帮助别人，这是好事，可是不能把你对别人的帮助当作"口头禅"，随口拈来，让别人听了总以为是他欠你的。其实，朋友之间是没有欠与不欠的，只有帮忙之说，所以帮忙完后不要急着找后账。

第29讲 小秘密迅速拉近距离

给对方"只属于我们两个人的小秘密"的感觉，会拉近彼此距离，加深你们的感情。无话不说，通常表明感情深；有话不说，自然表明人际距离的疏远。你主动跟别人说些自己的私事，别人也会向你说，有时还可以互相帮帮忙，如果你们有着同样的苦恼，那么还会结成统一战线。相反，如果你什么也不说，什么也不让别人知道，别人就会觉得你城府很深，摸不清你的脾气套路，自然不愿意跟你亲近，也无法信任你。要知道，信任是建立在相互了解的基础之上的。

当你愿意与别人分享秘密的时候，也说明你对他产生了信任，把他当成了朋友，而这种信任感很容易感染对方，使他慢慢消除对你的芥蒂，逐渐对你产生好感，这样一来，双方的距离很容易就被拉近了。

有研究调查显示，如果某人的身份地位比你高，他透露一些自己身上的小弱点，那么你会更加容易与他接近。比如，美国总统候选人史蒂文森的裤底破了一个洞，这个小秘密风靡了全国；而布什总统承认自己不敢吃花椒菜，也一度成为美国人茶余饭后津津乐道的话题。但是，这并没有损害他们在公众心目中的形象，反而更加给人一种平易近人的感觉。

不过应该注意的是，自我暴露应当是适度的，万万不可盲目无度地暴露。如果你总是什么事都向外说，且不分在什么场合、时机是否恰当，就大倒隐私甚至四处宣扬。那么，人们不但不会对你有好感，反而会对你产生轻视的感觉。谁会喜欢一个肚子里装不住事的人呢？所以，"自我暴露"定律有利于我们结交朋友，但也要把握好尺度，做到有藏有露，进退自如。

运用这一技巧时，要注意以下几个要点：

（1）你所说的秘密一定要是无伤大雅的小事。

（2）这些小事是无心的错误或者是与生俱来的。

（3）不会伤及对方的自尊及影响对方的事业、声誉。

人际指南

> 如果你编造了一个自己的秘密，尽管在当时可能会获得人们的好感，但是一旦被揭穿，你就很难再改变在人们心中不真诚的印象。因此，即使你要编自己的秘密，也要编造一些对方很难考察的，以免使自己处于被动状况。

第30讲 让对方觉得他很重要

别人交谈的时候，一定要让别人觉得他很重要。因为在潜意识里，每个人都觉得自己很重要，或者说，每个人都希望被别人认为很重要。

生活中很多很多的问题，就是因为一方不把另一方放在心上或者双方互相不把对方放在心上引起的，种种误会和敌意，甚至仇恨也因此而生，并带来数不清的麻烦。如果每个人都对别人多一份关注，多一份重视，那无疑会给别人带来欢乐，更会给你的生活带来方便。

在和人相处的时候，如果你能让他感觉到他在你心目中很重要，他一定会对你产生好感，因为没有人会讨厌一个喜欢自己、尊重自己的人。

　　有位公共汽车司机，是个脾气异常暴躁的大老粗，曾经几十次、几百次地甩下再有两秒钟就可以赶上的乘客，所以，口碑极差。但是，他却对一位跟他无亲无故的乘客特别关照，不管多晚，这位司机一定会等他上车。为什么呢？就因为这位乘客想办法使司机觉得自己很重要。那位乘客每天早上一上车都会跟司机打个招呼："早上好，先生。"有时他会坐在司机旁边，跟他说些无关痛痒却很中听的话语，例如：你开车的责任很重呢！你开车的技术很好！你每天都在拥挤不堪的马路上开车，真有耐心！真了不起！于是，这位司机就想成为一个重要人物的愿望得到了较大的满足，对那位说他好话的乘客自然就另眼看待了。

　　你见过的每一个人都认为自己在某方面比你强，这是个亘古不变的真理。想走进他们心里有一种可靠的方法，那就是你要不着痕迹地让他们意识到你觉得他们很重要，而且是打心底就这样想的。

人际指南

　　要记得爱默生曾经说过的那句话："从某种意义上讲，我遇到的每一个人都比我傲慢，而我正是通过这种傲慢来了解他的。"

第31讲　品语察言识人心

　　有句话是这样说的："出门看天色，进门看脸色。"无论做什么事，对什么人，只有先察言观色一番，摸清对方的心思后，再付诸行动，才能做到得心应手，万无一失。所以，察人不可不用心，不能因人外表而错判其人，更不能不知人心就与之随意亲近，因为有些人就是利用人们的这个弱点而达到自己目的的。因此，生活需要我们做一个有心人，只有会观察别人，审时度势地做事，才能讨人喜欢。

不看看天色出门，很有可能遭受风雨之苦，不看眼色说话，很有可能三句话就谈崩。同理，不看脸色行事很容易得罪人，可能在无意当中你就给自己树立了一个敌人。在日常人际交往中，虽然不是每个人都会故意和你过不去，但是你有事求人就要学会多看对方脸色，有分寸地说话，只有这样你才不会遭到对方的反感。

德谟克利特是古希腊著名的哲学家，有一天，他在街上偶然遇见一位相识的姑娘，德谟克利特和她打了声招呼："姑娘，你好！"第二天，德谟克利特再次遇到了与昨天同样打扮的那位姑娘，这次他却这样和她打招呼："这……这……太太，您好！"

听了这话，姑娘脸上立即出现了害羞的表情，并问道："您是怎么知道我昨天刚完婚的？"

德谟克利特说："这并不难，我是从你的脸色、眼睛的活动情况等方面做出判断的。"这就是察言观色的妙处。有时候，你只需根据对方的身材、打扮、发型样式或握手的力度等，就能略知他的性格。当然，这只是一种初步的推断，但这种初步的推断却是看穿人心的高手所必需的。

有的人说话时旁若无人、滔滔不绝，不看陌生人脸色，不看时机场合，只管满足自己的表现欲，这是修养差的表现。说话应注意对方的反应，不断调整自己的情绪和讲话内容，使谈话更有意思，更为融洽。

著名的军事家、法律学家贝克在重要的工作上，常将他所有计划的基础放在对人的观察上。

有一次，他以律师的身份，到芝加哥代表麦可豪密家族出席法庭辩护。在那儿，他博得了主席的赞扬。在场的所有律师都很佩服他。这并不是因为他十分通晓法律，而是由于他会察言观色，在执行法官面前采取了适当策略。

原来，这个首席法官的耳朵有点聋，许多精明的律师被判败诉，都是由于他们并不知道首席法官的耳朵有毛病，以至于那些冗长的言辞将他弄得糊里糊涂。贝克却不一样，他在其他律师的辩护过程中发现了首席法官的耳朵有点背。当轮到他发言时，他站到了这位法官的身边。

后来有人回忆说："通常像这种案件，贝克这样身份的律师，一定要说出许多的法律论点，引证许多不同的例证。可是贝克在法官面前仅说了两个论点，引用了很少的例证。同时，在他简洁的陈述过程中并没有反复申诉。只是语言明朗，一字一句大声而缓和地叙述了一遍。当贝克说完之后，法官脸上露出了满意的微笑，表示贝克所讲的他已完全领会，并且很感兴趣。结果，贝克的辩护获胜。"

人际指南

在人际交往中，善于打开通向他人心扉的大门，认识不同性格的人，知人而交，对症下药，因人而异地采取灵活的交往方式与之沟通，这也是一个重要的交际技巧。

第32讲　"眼睛的语言"

孔子曾说过："观其眸子，人焉瘦哉！"意思是说：想要观察一个人，就要从观察他的眼睛开始。目光是指通过眼睛的各种变化来传递某种信息的身体语言。眼睛是心灵的窗户，是人体传递信息最微妙最精确的器官。人的喜怒哀乐等深层心理情感都能从目光的微妙变化中反映出来，而且能表达出最细微、最精妙的差异。

有些人往往借一些言语和行动，来掩饰自己的内心实情，扰乱我们的真实判断。但是，如果我们能直接去观察他的眼睛，则有助于我们揭穿真相。因为人的言语、行动都可以假装，而人的目光是无法假装的。心理学家的研究告诉我们，人内心中的冲突，总是会不自觉地通过变化的目光流露出来。这目光就是"眼睛的语言"，你一旦学会了透析眼睛的语言，将受用无穷。

1.目光

目光为信息增加了可信性，它表现出了信息的大部分含义，并且影响着倾听者是否确信你的信息。当你对别人讲话的时候，你要正眼看着他，稳定的目光接触是谈话的关键。然而稳定并不意味着一直都盯着别人看，眨眼睛和目光的扫视都是正常和不可少的。再加上你面部诚恳的表情，就会将别人的注意力吸引到你和你的信息上，这个微小的动作有积极而强大的作用。

2.观察

目光的变化，有助于增加人与人之间的交流。一个人心里正在打什么主意，他的目光都会立刻告诉你。

当我们和他人交谈时，如果发现了对方的目光在游移，同时感觉到他的注意力并不在我们身上之时，也许是因为我们忽略了这个策略。我们没有去关心他的经验和体会，在谈话中，没有他特别感兴趣的东西。

在表示反感和仇恨时，人的瞳孔会缩小，还会露出刺人的目光，让人不寒而栗。相反，如果睁大眼睛，则表示对某一事物怀有极大的兴趣或是怀有怜悯同情之心，还表明赞同和好感。

如果对方目光镇定而毫不慌乱，则说明他满怀信心，胸有成竹，胜券在握。这时你向他请教办法，如果他不肯明说，可能因为事关机密，你也不必多问，只静待事态发展便是。

3.运用视线

在交往中，眼睛被对方注视得最多。两个人见面时即使没有开口说话，从目光上就可以判断出心理上占优势的一方。所以在第一次与人见面时要善于有效地运用自己的视线，也要学会了解对方视线的含义并随时调整自己的视线。眼睛可以直视对方，但不要引起对方的不愉快，在异性交往中尤其要注意。

人际指南

观察目光的变化，有助于人与人之间的交流。因此，人们常说，"靠近窗台容易看清室内的情形，读懂人的眼色可知晓其内心状态。"

如果遇到更羞怯的人，应该首先跟他谈些无关紧要的事，让他心情放松，以激起他谈话的兴趣。话题的选择要尽量地小心，容易引起争论的问题能免则免。同时呢，要特别留心对方的眼神和小动作，一旦有淡漠、厌恶的表情，应立即转换话题。

第33讲　打通情感需求通道

在陌生人敞开心胸和我们说话后，如果你想要得到他们的支持，那么你应该思考这样一个问题：怎么让他能够认同我？问题的答案很简单：恰到好处地适应陌生人的情感需求。你只有打通了陌生人的情感需求通道，才能让他彻底放下戒心，他才会打心眼儿里认同你。

一位老人没有儿女，由于年老体衰，行动越来越不方便，他准备出售房子，然后住进养老院。他的房子是一幢环境幽雅的别墅，有人出价15万英镑，要知道，在那个时候这已经算是非常高的价格了。可是，毕竟这栋房子是陪伴了老人大半生的家，他一直没有做出决定。

一天，一位年轻人找到老人，希望买下这栋房子，可是他表示，他的全部积蓄只有3万英镑。老人笑了，告诉他有人已经出到了15万英镑。年轻人看着老人，诚恳地说："先生，如果您将房子卖给我，您可以跟我住在一起。每天，我可以陪您一起吃饭、一起散步。在您生病的时候，我会悉心照顾您。请相信我，我一定会像对待父亲一样对待您，让您的生活变得很快乐。"老人注视着眼前这个年轻人，不禁泪流满面。老人真正缺少的并不是金钱，而是亲人般的关怀和家庭的温暖。于是，老人对这个年轻人说："从今天开始，你就是这栋房子的新主人。"

1. 关心他最亲近的人

人们总是关心自己最亲近的人，一旦发现别人也在关心自己所关心的人，大都会产生一种无比亲近的感觉。交际就可以利用人们这种共同的心理倾向，从关心他最亲近的人切入，拉近交际的距离。

2. 在他心中建起"同胞"意识

"同胞"意识也就是亲情意识。《三国演义》里，关羽、张飞何以对刘备如此忠贞不渝呢？主要原因就是刘皇叔在与关、张相识之初就和他们义结金兰，结拜为"同胞兄弟"了。

3. 用温情融化他人心中的坚冰

人们一般都认为，双方矛盾爆发之后的一段时间，是交际的冰点。其实如果此时一方能主动做出一个与对方预期截然相反的善意举动，就会使对方在惊愕、感叹、佩服、敬意之中认同你，从而化敌为友。交际的冰点就成了成功交际的切入点。

在英国的一个小村庄里，住着一对情如兄弟的邻居，一次因纠纷而发展到反目成仇的地步，弟弟在两个庄园之间开了一条渠，以示永不往来。有一天，哥哥请来一个木匠，他想在两个庄园之间造一个两米高的围栏，以此来回敬弟弟。但是，当哥哥外出干活回来时，惊得目瞪口呆，因为他的眼前并不是什么围栏，而是一座美丽的小桥，小桥穿过小渠连通了两座庄园。这时，弟弟也回来了，见状便从桥那边走过来，抱住哥哥说："您真伟大！在我做了对不起您的事之后，您还建了一座美丽的桥。"当两兄弟重归于好时，木匠收拾工具要走了。"等一下，我这里还有许多活需要你来做。"哥哥对木匠说。木匠回答说："我倒是愿意留下来，但是还有很多桥等着我去造。"

一个人的心胸有多宽广，他就能赢得多少人，付出宽容，他将收获无穷。

第34讲　赞美是最美的语言

美国著名心理学家威廉·詹姆士说过这样的话："人类本性上最深的企图之一是期望被赞美、钦佩、尊重。"由此可见，渴望被赞美是每个人内心的一个基本愿望。

赞美需要注意一些事项：

1. 真诚的赞美

你必须真诚地去赞美别人，切不可假惺惺。假惺惺不如不要赞美，别人是要听真话，不是要你的虚情假意。比如你在街上遇到一个几年未见的老朋友，你可能会说："好久不见了，你的样子没怎么变啊，还是像原来那样年轻漂亮。"这样的话她听后心里会很舒服，但是如果你说成："好久不见了，你的样子变化真大啊，完全可以与西施媲美了。"那她听后心里就会觉得很别扭，这种不真诚的赞美还是少说为妙。

2. 巧妙的赞美

要巧妙地赞扬他人，不要有"拍马屁"之嫌。你可以婉转地赞美他人，可以在别人面前赞美这个人，当别人告诉他时，对方会想你在背后都这样赞美我那一定是真心的了。

3. 赞美别人在意的地方

你要时刻关心别人都最关心什么。比如你看到一个中年妇女身材还保持得不错，就要夸她苗条，你看到一个古稀老人还天天早起锻炼，就要赞扬他身体硬朗，这样很容易就拉近彼此的距离。

4. 切忌夸张

赞美有时也需要含蓄，不能过于夸张，过于夸张看起来总是有些虚假。看到对方穿戴了什么好东西一定要当场赞美，这是很重要的，但赞美要婉转。

有一位心理医生在银行排队取款时，看到前面有一位老先生满面愁苦，有人稍碰撞他一下，他就骂人。心理医生心想，这位老人心情不好，要让他愉快起来，他就不会以这种不满的态度对待别人了。于是心理医生一边排队一边寻找老先生的优点，终于他看到，老先生虽驼背哈腰，却长着一头漂亮的头发，于是当这位老先生办完事情走到心理医生面前时，心理医生衷心地赞道："先生，您的头发真漂亮！"老先生一向以一头漂亮的头发而自豪，听到心理医生的赞美非常高兴，顿时面容开朗、精神焕发起来。可见，一句简单的赞美给别人带来了多大的心理满足。

5. "三明治"法的赞美

所谓"三明治"法就是事先称赞对方，表扬对方，使对方的心情变得愉快，然后再拜托对方做什么事或者是委婉地批评对方，最后再加以赞扬。20世纪30年代美国总统克里吉有一位女秘书，很有才能却不擅长整理文件。克里吉总统有事找她时，便会说："艾丽丝，你对服装的品位很高，尤其今天穿的长裙真漂亮……如果能够再多花点心思整理文件，我就轻松多了！"因为是称赞之后拜托的事，所以秘书将克里吉的话谨记在心，心里非常受用。

"有你这样品位高、能力又棒的秘书，我实在很骄傲！"克里吉总统再多加一句赞美语，让艾丽丝整个人调动了起来。从此以后，艾丽丝工作的热情度高了许多，而且做事更仔细认真了。

> 在与人交往沟通的过程中，你遇到任何一件值得赞扬的事，都不要吝惜赞美的语言。真诚的赞美，对他人来说尤为重要，他们身上的优点和长处往往会因你的赞美而显得更加熠熠生辉。

第 35 讲　有自信的人最美

很多人害怕得不到别人的肯定、喜欢和支持，害怕得不到自己所期望的东西。他们不敢告诉自己："对方是喜欢我的，支持我的。"甚至会不安地怀疑自己："对方是否讨厌我？"于是他们的这种想法无意中传染给对方，便流露出自己没有信心的内心，对此，有心人是一目了然的。

"有自信的人最美"是因为那种自信的表情，会让人觉得充满希望，让人觉得活力十足、魅力万分。自信，无疑是让我们能获得认可的第一要素。如果失去自信，那就如同亲手将自己的朋友圈扔进了垃圾箱一样。即便是再想捡回来，也不再是件容易的事情了。

所以，初次见面时，不论是何种状况，要做到镇定，并善于用眼神表达自己的友善、关怀和愿望，这是一种自信地表现。

自信是拓展朋友圈的前提。自信的人才能主动与人交往，自然而不矫情。缺乏信心的人往往看不起自己，也瞧不起别人，与人交往和相处，往往易被人拒绝，招人非议。而这种挫折与失败，又会反过来打击和影响自信程度。只有悦纳自我，积极乐观，不妄自菲薄，不盲目自大，平等自信地与人相处，才能在交往中得到自我肯定，获得接受与认同，从而重拾自信。要获得成功，就要抱有足够的信心，它会让你在人际交往的过程中无往而不胜。

正如苏联作家马克西姆·高尔基的表述："只有满怀自信的人，才能在任何地方都怀有自信，沉浸在生活当中，并实现自己的意志。"

如何才能建立自信呢？

1. 暂时忘记自己

你在出席一场重要的鸡尾酒会时，是否总有这样的念头：我的衣着打扮得体吗？我这样与别人攀谈好不好？我该不该在那种情况下说一个笑话来缓和气氛……别再满脑子转着这些念头了，这只会使你越想越紧张，越紧张则越拘谨，反而更没办法与人正常沟通了。不妨先把你自己忘掉，换个角度去考虑一下：对方一定就比我沉着吗？

2. 注意仪表，保持精神风貌

一套笔挺的西装会使得一个男子汉庄重起来，一袭长裙会使得一个姑娘的举手投足都显得亮丽、迷人。因此，漂亮的仪表能够得到别人的夸奖和好评，提高人的精神风貌和自信心。

3. 从自己有兴趣的事情着手

多接触自己喜好的事物，这样自信自然而然就会产生了。和别人见面第一次谈话的时候，可以主动谈一些自己擅长和喜好的事情。

4. 学会善待他人，融洽人际关系

在与他人交谈时，适当真诚地赞美别人的优点，会使别人感到高兴，别人也会投桃报李，夸赞你的闪光点，使你有如沐春风之感，信心大增。

如果你充满信心，对方会对你产生好感；如果你含含糊糊地进行自我介绍，流露出羞怯心理，会使对方感到你不能把握自己，以致对你有所保留。这样，彼此之间的沟通便有了阻隔。

人际指南

任何时候都要相信自己，按照你的想法去做吧！做事可以谨慎，而做人只要你堂堂正正，你就可以放开勇气面对，这是一种心态，这种心态决定了你的命运。

第 36 讲　得体服装增强自信

　　美国的心理学者雷诺·毕克曼做了一个有趣的实验：他在纽约机场和中央火车站的电话亭里最明显的地方放了十分钱，当有人进入电话亭，约两分钟后他敲门询问："对不起，我在这里放了十分钱，不知道你有没有看到？"结果计算退还硬币的比率，询问者服装整齐时占 77%，而询问者衣服较寒酸时则占 38%。

　　进入电话亭里的人在被服装整齐的人询问时，会觉察他可能跟自己说了很重要的话；而面对衣着寒酸的人，因为在不想接触的念头下，不想去理会对方的问题，所以在根本没有听清楚对方说的话之前，就开口回答"不"，企图赶走对方。

　　可见，衣着对一个人外出办事影响非常大。所以，一个人若有一套得体大方的服装搭配，就仿佛把自己的身价提高了一个档次，而且在心理上和气氛上增强了自己办事的信心。

　　鲁芳芳刚进《名企纵横》杂志社不久，就被安排去采访某外资企业的女老总。听说这是一个既能干又极有魅力的女性，尤其对服饰和化妆品非常注重，对自己的衣着及礼仪要求极高。采访那天，鲁芳芳穿了一件紧身可爱的吊带装，打了个在家乡极其流行的发髻，自以为很得体地直奔采访目的地。当鲁芳芳站在公司的大堂时，觉得自己好像来自外星球，与这里的氛围格格不入。该公司前台问明鲁芳芳的身份和来意时，似乎不相信鲁芳芳的身份，在她的眼睛里明显看到疑惑的眼神。鲁芳芳再三说明身份，并拿出工作证来，公司前台才勉强地带她进了老总的办公室。

　　眼前的这位女老总，高挑的身材、优雅的举止让鲁芳芳突然感觉自己的穿着就像个小丑，来时的兴奋和自信全没了。还好，因为采访纲要准备还算充分，整个采访过程还比较顺利。采访结束后，善良的女老总看到了鲁芳芳的窘迫，委婉地告诉她：时尚不等同于名牌、昂贵和时髦，那是一种适合与得体。

你注意到没有，休闲装让办公室气氛显得松散！所以在正式的工作环境中，自然应选择庄重、优雅的服饰。即使平常穿着随意、不修边幅，在庄重的社交场合也不应自作主张，那样会使人产生不尊重别人的感觉。相反，在一些轻松、愉快的社交场合，或个人的业余文娱活动中，则可选择活泼、鲜艳、样式时尚的服饰，使人感到富有生活情趣、不拘一格。

衣着服饰能反映一个人的审美情趣和修养。如果一个人的服饰能与自己的气质、职业一致，与自己的形体、年龄协调，与当时的气氛和场合相符，那么，这个人一定会显得大方自然、潇洒倜傥，也更能引人注目。

人际指南

浏览报导实用的穿衣哲学、要领的报纸，综合性杂志的定期服饰专栏，这有利于了解流行时尚的脉络，同时无形中提高了自己对美的鉴赏力。

第 37 讲 练习在电梯里和人谈话

练习在电梯里和人谈话。你有没有注意过，在电梯里人人都是噤声站着、直视前方？这似乎是个不成文的规定，限制了我们在电梯中彼此交谈的机会。这是谁定的规矩？难道是大楼的管理办法吗？

实际上，电梯提供了一个让人简短招呼的绝佳场所。只需要简单的眼神接触、微笑，同时说"嗨，今天天气真好"或"这电梯真慢"，无论什么话都能打破沉寂。这是一招"零风险"的练习，你大可以满怀自信地去做。因为你很明白，待在电梯里就那么一分钟，也许你永远不会再跟这些人碰面。这个点子是针对"与陌生人交谈"做简单的练习，而不是叫你一定要去和人家接洽生意或是结成朋友。

假如你在电梯之中遇见你的领导，毫无疑问，你的一分钟表达将决定着他对你的印象，这时候简洁最能表现你的才能。你应主动向他问好，并表现你的修养与仪态，也许你大方、有礼、自信的形象会在他心中停留较长一段时间。

美国《生活》杂志的总裁戈登·克罗斯将这称为"电梯语言艺术"，他说："所谓'电梯语言艺术'是指你在电梯里同领导在一起的一分钟内，所表达的包罗万象并能形成行动的一系列的思想和事实。"

有一次，三个年轻人在一起讨论个人前途的时候，说出了下面一番话。

甲说："在合资公司做白领，我觉得自己满腔抱负，但是没有得到上级的赏识，所以要是有一天能见到老总，有机会展示一下自己的才干就好了。"

乙说："我也有这样的感觉，所以我经常去打听老总的上下班时间，算好他大概会在何时进电梯，我也在这个时候去坐电梯，希望能遇到老总，有机会可以打个招呼。"

丙则说："机会从来都是创造出来的。我花费了一些时间了解到老总的奋斗历程，弄清了老总毕业的学校、人际风格，以及他关心的问题，并精心设计了几句简单而有分量的开场白，再算好时间去乘坐电梯，跟老总打过几次招呼。结果，终于有机会和老总长谈了一次，不久后，就争取到了更好的职位。"

人际指南

对不是同一个部门的人，在电梯间碰面、楼道里迎面相遇，就算没有什么话要讲，那就聊聊天气，甚至笑一笑、点个头也可以。

第四章

经营朋友圈需要修炼的品质

——朋友圈修炼

第38讲　热忱可以分享或复制

要肯定生命，即使在你人生最惨淡的时候。凡是有生命的物体都在伸张自己的生命意志，生命哲学家尼采、柏格森等认为，生命的本质就是激昂向上、充满创造冲动的意志。因此，拥有生命的我们，一定要使生命充满活力和热情。

主动热情要求在交往中表现为喜欢、赞美和关注他人，同时，能给人留下深刻的第一印象。

拿破仑·希尔曾专程去拜访过美国钢铁业巨头施瓦伯先生。当时他对拿破仑·希尔说过一句话："一个人无论在什么事情上都可以成功，只要他对于那件事具有真正的热忱、非常浓厚的兴趣，即便要他多受些苦也在所不惜。而那些只会坐着不动，甘愿受旁人指挥的人，是干不出什么大事来的。"

热忱可以与人分享或复制，而且不影响其原有的程度，它是一项分给别人之后反而会增加的资产。你付出得越多，得到的也会越多。生命中最巨大的奖励并不是来自财富的积累，而是由热忱带来的精神上的满足。

在工作中，往往有很多人不能掌握热忱与刻意表现间的区别。很多人将满腔热忱的行为做得好像是故意装的，也就是说，这些人学会的是表现自己，而不是真正的热情。热忱并不代表刻意表现，而是在应该拼搏的时间拼搏一场，在需要关心的时候关心他人。

在日常生活中，我们常常遇到这样的人，他们仿佛对什么事都不热心，对人也很冷淡，一副拒人于千里之外的样子。这样的人很难融入社会，也很难交到朋友。如果不是有过于常人的才华为他赢得一份工作，那么这样的人很容易被社会淘汰。为人热情会让我们在生活中收获很多朋友，也能为我们的事业添砖加瓦。如果我们只注重自己的事情，不去关注别人、帮助别人，那么成功可能永远都不会降临到我们头上。

人际指南

我们在平时的社交应酬中，应该表现出足够的热忱，这样才能打动对方，让对方对你产生更为深刻的印象，为你们的进一步交往奠定基础。

第 39 讲　亲和力唤醒他人热情

亲和力是一种难得的个人魅力，具备亲和力的人能唤起他人的热情，并使人们愿意与之交往。亲和力让人萌发亲近的愿望，使得即使是陌生人也会一见如故。人们总是喜爱与谦和、温良的人交往。对于你想要左右的人，对于希望与你合作的人，你务必获得他们的敬爱。而获得他们的敬爱，全凭你的亲和力。要知道，一个浑身上下透出亲和力的人，与一个整天板着脸严肃的人相比，绝大多数的人都会选择前者作为自己的交往对象。

夏倩生活在上海，后来因为想放慢生活的节奏，得到更多的归属感，搬到西部的一个小城镇生活。但她适应不了那里的人们，因为她感到那里的居民对她不是很欢迎。一次，夏倩向她的同事发牢骚说，自己已经很努力地和他们进行交往，表现得尽量友好，可不知道什么原因，他们还是不喜欢自己。她的同事告诉她，她的穿着和交谈方式让当地人觉得她是在装腔作势，高人一等。从那以后，夏倩故意穿得很随意，尽量与当地人讨论当地发生的事情，多参加当地举行的一些民俗活动，试着让自己更容易接近。

拥有良好的人际关系，一定是得益于你给人的亲切感。尽管职场表现优秀，职位愈来愈高，但周围的人与你交往并没有很大的心理包袱，这就是亲和力的作用。亲和力让你被更多人接受，人气指数不断上升，但你并不需要刻意讨好众人而丧失自己的个性特征，不能一味地人云亦云，让人觉得毫无特点，进而对你失去兴趣。因此，在尊重别人见解的基础上，充分调动自己的优秀气质，释放你的观点和智慧，用个人魅力吸引周围的人，才是提升亲和力的正确途径。

两位管理学专家——哈佛商学院的蒂齐亚纳·卡夏罗和杜克大学的索萨·洛沃分析了多种职场关系，最后得出的结论是："大多数人宁愿与讨人喜欢的傻瓜一起工作，也不想和有本事的讨厌鬼共事。"卡夏罗强调说："员工有问题总愿意找他们觉得可亲的人帮忙，即使这个人的水平不高。"由此可见，亲和力也是一种不容忽视的能力，可以成为自身无形的资本。

亲和力不是天生的，是一个人源自内心对所有事物的爱。英国女政治家玛格丽特·撒切尔夫人就是这样一个人。

在大选来临之前，撒切尔夫人所在的保守党面临一个难题——如何制止颓势？撒切尔夫人的解决办法是令人信服的，她说："我们只有一个办法，走出去，到选民中去。这样就会最终获胜。"

保守党的工作人员经常认为，和撒切尔夫人在一起搞竞选很累。她在大街上东奔西跑，走家串户，一会儿在这家坐会儿，同房东交谈；一会儿又同那个握握手，或向坐轮椅的人嘘寒问暖；一会儿又到商店里询问价格。大部分时间，她带着秘书黛安娜跑来跑去。午饭时，她们就到小酒店和新闻发言人罗伊·兰斯顿以及委员会的其他成员一起喝啤酒。然后，她又参加集会做演说，接见更多打过照面的人。这样，撒切尔夫人身体力行的做法赢得了越来越多的拥护者，为竞选打下了坚实的群众基础[1]。

---

1 常桦.人脉黄金法则 [M].中国华侨出版社，2011.

人际
指南

亲和力是人际关系能力的综合体现。它一方面表现为主动控制人际交往，另一方面表现为被其他人所认可。

第40讲 宽容别人是给自己机会

孔子的学生子贡曾问孔子："老师，有没有一个字，可以作为终身奉行的原则呢？"孔子说："那大概就是'恕'吧。""恕"，用今天的话来讲，就是宽容。

2004年，北大毕业生，新东方创始人俞敏洪在新东方第三次高管会上的讲话中表示："要是读过西方著名的思想家、历史学家房龙所著的《宽容》这本书，你就知道人类文明之所以能延续到今天，就是因为人类之间的宽容。每一次不宽容都会带来人类的黑暗时期；而每一次宽容即使带来混乱，但最终一定会带来人类文明和发展。新东方要做的就是给予大家足够的宽容。我们会有严格的原则纪律，会有规范的制度约束，会有业绩增长的压力，但是到现在为止新东方能有这样一个团队，就是因为宽容。我本人会更加有原则，要求大家做事情也会更加严格，但是我不会失去我的宽容。"

"对所有人犯下的错误宽容，对所有人成长时间的宽容。玫瑰花在冬天是不会绽放的，那个季节里它看上去像一堆枯萎的杂物，但是，只要拥有雨露阳光，它就会开出最美丽的花。要知道你是生活在每个人看自己都高、看别人都低的世界之中，忍受和宽容是必要的。我们要做到的，就是宽容，宽容产生一切。"俞敏洪式的宽容，就是容忍个性的张扬，允许观点的另类，容许思想的自由，包容异端的存在。

俞敏洪宽容的性格，在新东方实行组织结构改革时，很容易被别人视为"软弱"、"和稀泥"。从战略决策上来说，俞敏洪不够果断的性格确实导致新东方在战略转型的关键时期出现了一些不好的结果。但是，俞敏洪这种宽容的风度和境界，使得他性情和蔼，也使他在矛盾纠纷中有转圜退让的余地，能化干戈为玉帛。2000年那场股份改制风波，如果不是因为俞敏洪的宽容，新东方早就分崩离析了。

"'逼宫'事件中，我完全可以脑袋一热用手中的权力去打压这些朋友，或者自己干脆甩手不干离开新东方，但这样做的结果肯定是伤害新东方的利益，所以就必须冷静地坐下来分析员工或者股东的想法，来帮助自己去处理问题。"

新东方的此次转型以王强和徐小平退出管理层、俞敏洪重掌新东方控制权而告终。虽然王强和徐小平是这次"逼宫"的主要谋划人，但是俞敏洪并不记恨这一点，相反，他还惴惴不安，担心他不得已而为之的做法会不会太伤两人的心。

为了挽留王强，俞敏洪做了很多努力，比如将新东方的产业开发交给王强负责。具体说来新东方由两块业务组成：一是教学，二是与教学相关的产业开发。如出版、翻译等。所以产业开发亦是新东方的命脉。俞敏洪还动之以情，陈说"东方马车"十几年的交情，并决定如果王强不留下，就不举行新东方八周年庆典……这些做法终于感动了王强，使他决定尽弃前嫌，留在新东方。后来在某一次采访中，王强曾将俞敏洪的行为理解为"宽容"，委婉地表达了某种歉意。而另一位关键人物徐小平，也在2001年11月底主动向俞敏洪写信，他们没有像别人担心的那样反目成仇，反而换来了更长久、更深沉的友谊，可以说，是俞敏洪的宽容深深地感动了同样是性情中人的徐小平，使他以宽容回报宽容。

或许俞敏洪并不是一个最有魄力的决策者，但是，作为一个管理者，他无疑是合格的，甚至可以说是最好的。考虑到新东方人才构成的特殊性，考虑到新东方是从非规范化转向规范化，俞敏洪能保住新东方的核心团队，已经是十分了不起的功绩了。更何况，对于中层管理者和底层员工来说，俞敏洪确实是一个宽宏大量的老板。

有一位住在山中茅屋修行的禅师，一天晚上散步归来，看见小偷光顾自己的茅舍，但他知道小偷找不到任何财物怕惊动了小偷，便脱下自己的外衣，站在门口等待小偷出来。

小偷出来遇到禅师，正感到惊愕之时，禅师说："我的朋友，你走大老远的山路来探望我，总不能让你空手而归呀！夜深了，带上这件衣服避寒吧！"

说着，就把衣服披到小偷身上，小偷满脸羞愧，低着头溜走了。禅师望着小偷的背影消失在山林之中，不禁感慨地说："可怜的人！但愿我能送一轮明月给他，照亮他下山的路。"

第二天，禅师在温暖阳光的抚摸下睁开眼睛，这时看到他披在小偷身上的外衣被整齐地叠好，放在门口，禅师高兴地说："我终于送了他一轮明月！"

宽容大度是一种美德，是一种良好的个人魅力。而对于希望笼络人心的你来说，宽容别人是心胸博大的表现，是目光远大的表现；既是给别人机会，同时也是给自己机会。但凡成就事业者一般都具有宽大的胸怀，都具有宽容他人之量。因为他们明白宽谅人才是求得人才、留住人才的关键。如果心胸狭窄，无容人之量，一味挑剔责备，只能把自己及事业送上绝路。

"水至清则无鱼，人至察则无徒"，说的就是这个道理。宽容别人的缺点，常常会得到意想不到的效果。国际旅馆业大王希尔顿对犯错误的部下总是习惯地说："别难过，这点小错误算得了什么！我在年轻时犯过比这更大的错误。我认为，有错误就表示一种进步，表示你正在努力地工作，只有什么事都不做的人才能完全避免错误。"

一个心胸宽广的朋友，常常遇事不和我们计较，还处处为朋友着想，平时还总是付出不求回报，总会在我们需要帮助的时候及时伸出援助之手，试问这样的朋友难道不值得我们结交吗？

民间有这么一个故事：说是有两位庄户人家，一家的牛吃草过界，糟蹋了另一家的庄稼，两人便吵了起来，各不相让，最后打了起来，双双被送进了县衙。县太爷那会儿心情不好，也不问青红皂白，惊堂木一拍，喝令两人："将县衙门外捕快们练功用的石磙合力扛回村去回来再告状。"两人面面相觑，可是要对付二三百斤重的石磙，还真得要齐心协力。尽管一同出力，但只搬到大路上，两人都已筋疲力尽。坐在路边的树荫下，一阵凉风吹来，两人如醍醐灌顶，幡然醒悟。遂租来一辆马车，将那石磙送回县衙，悄然息讼，携手而归。

人际指南

> 为人处世要豁达大度，要保有一个宽厚的胸怀，得饶人处且饶人，这样才能为自己免除很多后患，赢得一些难得的朋友圈资源。

第41讲　"以心换心"的原则

俗话说："窗不开不亮，话不说不明。"要想与对方成为朋友，真诚而自然的沟通起着极其重要的作用。

凡说话、办事都要本着"以心换心"的原则，否则就难以消除易于多疑和前后顾虑等内向人常见的不良心理。要想真正赢得他的友情，就得使他充分地信任你。

人们历来都主张交友要知人而交，如果发现对方是不可信赖的人，要对其有所戒备；如果发现对方是个忠诚憨厚、可以信赖的朋友，应该多一些真诚、少一些猜疑，这样才能赢得对方的信任与好感。

在一项研究中，Anderson（1968）收集了555个用来描述个人特质的形容词，让大学生评定对具有其中某项特质的个体的喜欢程度。结果发现，对 60 年代的大学生而言真诚是最重要的特质，在评价最高的 8 项形容词中占了 6 项（真诚的、诚实的、忠诚的、真实的、值得依赖的、可靠的），另两项物质为"温暖"及"能力"，而被评定为最低的特征为说谎及欺骗。人们认为一个人是否真诚决定着我们是不是喜欢这个人。

在一次盛大的宴会上，有一个平日和卡耐基在生意上就存在竞争的钢铁商人大肆抨击卡耐基，说了他许多的坏话。当卡耐基站在人群中听他高谈阔论的时候，那个人还未察觉，仍旧滔滔不绝地数落卡耐基。卡耐基表情平静，等到抨击他的人发现卡耐基站在那里，反而感到非常难堪。卡耐基却真诚地走上前去，亲热地跟生意上的对手握手，好像完全没有听到他在说自己坏话似的。对手脸上顿时一阵红一阵白，进退不得。卡耐基给他递上一杯酒，使他有机会掩饰一时的窘态。第二天，那抨击卡耐基的人亲自来到卡耐基的家里，再三向他致谦。从此他变成了卡耐基的好朋友，生意上也互相支持。

著名体育评论员宋世雄一次打的士到中央电视台转播一场比赛。的士司机将他送到电视台后说："宋老师，转播完球赛都深夜一点了，您怎么回呢？我夜里一点再回来接您！"多年以后，宋世雄回忆说："人生当中，还有什么比这种真挚的关心和赞美更珍贵呢？这位终日在大街小巷中奔忙的司机并不懂得公关技巧、公关心理，但他有一颗关爱别人的善良之心。"这位司机一句源自真心的关切，将自己对宋世雄的赞美之情寓于生活之中，感人肺腑。因此赞美有时没有必要刻意修饰、遣词造句，只要源于生活、发自内心、真情实意，就会收到极佳的效果。

当收到一封寄给一群人的问候电子邮件，尽管有时候还是心存感激，但大部分人会觉得缺乏诚意。朋友圈的拓展不是以量取胜，而是能与值得信赖的人建立真诚的关系。一封一对一的真诚问候邮件，带给人的感动可以持续很久。

在公众场合，若有人想主动结识你，需要马上做出友善回应，让对方感受到你的谦逊与真诚。多善待一个希望与你结识的人，就多增加一份朋友，多一次事业良机。

中国演义小说《水浒传》中的人物宋江是怎样成功的？他为什么拥有那么强的号召力？他的成功经验几乎每个人都可以拿来借鉴，宋江起初是想好好为国效力的，但在对朝廷失去信心以后，他就带领花荣和燕顺等人上梁山。在半路上的一家饭馆里，因为座位问题，燕顺等人和石勇发生了冲突，石勇口气很大，说了一句很有名的话，大概意思就是全天下他只让得两个人，其他的人都不过是他脚下的泥巴罢了。这两个人一个是柴荣，另一个就是宋公明（即宋江）。

石勇说，全天下除了这两位，其他的就算是皇帝，他也不服，由此可见宋江在江湖上的名望，充分表明了他的人际手段他的这种影响力是怎么得来的？就是宋江对每个人都很真诚，真心跟你交朋友，推心置腹，平等沟通，这一点，三国时的刘备也有得一比，但却不如宋江做得彻底。

一代球王贝利得到各国人民的爱戴，除了他高超的球技以外，他与人为善的品德更为世人所敬仰。有这样一个故事：

一次，贝利的球队和塞内加尔队比赛，开场仅 10 分钟，贝利便两破对方大门。这时，对方的守门员控制不住羞愧的心情，竟然挥泪弃门而去。按理说，贝利进球，凭的是自己的球技，但这两个球让对方在自己的同胞面前出了洋相，伤害了守门员的自尊心。于是他在赛后特意找到守门员，向他真诚地道歉。

真诚是一把艺术的钥匙。有了真诚，才会有虚心；有了虚心，才肯丢开自己去了解别人，也才能放下虚伪的自尊心去了解自己。

人际指南

你必须相信，每个人的内心都有一种被爱、被尊重的需要。无论是心地善良的小姑娘，还是表情严肃的中年男子，甚至是面孔狰狞的看似凶恶的人，当你与之相处的时候，拿出你的真心对他们好，他们一定会被你感动。

第 42 讲　谦虚赢得别人的信赖

大发明家爱迪生有过 1000 多项改变人们生产和生活方式的发明，被誉为"发明王"和"一代英雄"。但在他的晚年，由于越来越严重的骄傲情绪，使得他恰恰是在最志得意满的领域里，犯了大错误。他固执地反对交流输电，一味坚持直流输电，结果导致惨败。原来以他命名的公司不得不改为"通用电器公司"，而实行交流输电的威斯汀豪斯公司至今仍保留着。这真是"英雄迟暮，骄则自误。"

北大著名毕业生俞敏洪获得了巨大成功。但他依然面带微笑，十分谦虚，他的人格魅力就这样建立起来了。至于俞敏洪能够永远保持谦和态度的秘诀是什么？俞敏洪表示："不难，每个人生活都不容易，当你对别人谦虚随和的时候，一般来说都能获得别人谦虚随和的回报。如果别人批判你的时候，你随和，这样更好沟通。另外一个原因，我从小个性上就忍让。更重要的就是对人性的理解。"

与人交往，也要会给面子。给别人面子，更通俗点，就是往朋友脸上贴金。贴金的事，不会有人拒绝，朋友只会高兴，只会感激你。比方说，你有喜事临门，朋友来向你道贺，你要说"沾你的光，托你的福"。这种谦虚、客气的话语，并非会使你自己的光彩暗些，却给足了朋友的面子，使朋友的面上更光亮些。

欧洲有一个著名格言："愈是喜欢受人夸奖的人，愈是没有本领的人。"反之，我们也可以说："愈是有本领的人，愈是要表现得谦逊。"在与人相处时，要懂得谦虚，若一味自吹自擂，只会招人白眼、惹人生气，这又何苦呢？

法国哲学家罗西法古说："如果你要得到仇人，就表现得比你的朋友优越，如果你要得到朋友，就要让你的朋友表现得比你优越。"因为谁都在自觉不自觉地强烈维护着自己的形象和尊严，如果有人对他过分地显示出高人一等的优越感，那么无形之中是对他人自尊的一种挑战与轻视，同时排斥心理乃至敌意也就应运而生。

所谓"树大招风"，不要以为自己稍微有点能力就能够天天拿出来显摆，太过张扬只能引起他人的嫉妒。有些人幸福，他们是低调的幸福；有些人成功，他们是低调地做人。如果你总觉得自己不可一世，那么你就会像那只猴子一样，在张狂之后迎来灭顶之灾。

谦虚的人往往能得到别人的信赖，因为谦虚，别人才不会认为你会对他构成威胁。晚清重臣曾国藩在为人处世上很有心得，他能从一个没有背景的读书人变成官场之上人际关系甚广的大人物，和他谦虚低调的做人方式不无关系。后人曾这样总结他的成功之道"唯其谦虚也，故常以事理无尽，不致以才智自矜。其接物也，则小心翼翼，无一人之敢慢"。在家读书时，曾国藩也很有几分恃才傲物的脾性，但一进入社会、步入官场，他就收敛起锋芒，谦虚为人。

人际指南

谦虚是好的，可过分的谦虚却会让人觉得是一种骄傲，这种谦虚会使你的工作激情永远沉寂。学习谦虚的过程实际上也是承认他人优点的过程，善于发现别人优点的人更容易挖掘出自己的贵人。要想成为朋友圈的中心，不一定要有多么耀眼的才华，却一定要有谦虚的态度。

第43讲 诚实守信避免朋友圈透支

金旭，1993年北京大学法学系（今法学院）经济法专业硕士毕业，后公派赴美国纽约大学深造，获得法学硕士学位。在中国基金行业，金旭的名字是无人不晓的。她，曾在中国证监会有长达 9 年的监管经验，主导完成了中国第一只开放式基金的试点工作；她，以其独到的智慧、自信、勇气和对市场敏锐的体察，从基金行业的后台走到了市场的前台。金旭在基金行业里拥有很高的声誉和很好的口碑，她自己把这一切归于三方面原因，其中最重要的一个原因就是做人要诚实、公正和正直，用时下很流行的话说就是要很有"人品"。"这实际是做人最基本的原则，要在别人眼里做个有很高信任度的人，对于基金行业尤其重要。我觉得这也是我这么多年所一直要求自己并一直保持的最基本的人生态度。"

在处理朋友圈的时候，诚实守信才能避免让你的朋友圈存折透支，那么，如何成为一个有信义的人呢？

1. 增加责任感

缺乏责任感的人往往不会对自己说过的话负责，也不会设身处地为他人着想，说出的话很随便。

2. 不轻易许诺

有很多事情，并不是主观的努力就可以做得到的，因为在某些特定的客观条件影响下，有可能会导致事情的失败。

胡志是某企业的副总，在一次聚会上，他听朋友熊涛说自己的表弟毕业快一年了还未找到合适的工作时，就拍着胸脯开了口："我们公司销售部正需要一个人，让你表弟来我们公司吧！"熊涛一听非常感激，马上拨电话把表弟找来见胡志。待胡志见到熊涛的表弟时，口气变了："何必那么心急呢？我回去跟人事部商量一下再说嘛！毕竟招聘员工是人事部门的事。"熊涛瞪了胡志一眼，拉着表弟就匆匆走了。

也许是胡志真的有难处，可是事先不该那样大包大揽，拍着胸脯表态。如果不是有难处，而只是为了逢场作戏，那就太不应该了。假的就是假的，时间可以检验一个人是否真诚。如此对待朋友，必然会引起朋友的反感，这对自己也不会有什么益处的。

3. 避免功利诱惑

狡诈、欺骗他人是不讲信义的表现，而受功利的诱惑则是导致人产生狡诈、欺骗行为的最主要原因。因此，若是想要做个诚实守信的人，那就要注意自己的行为不受功利的诱惑，不要因蝇头小利去算计他人。

4. 别忽略小事上的诚信

人最容易犯的错误就是忽略小节，而这种忽略有时却是很多人逐渐失去朋友的导火索。

诚信是和名声紧密联系在一起的。名声的形成和失去有着自己的规律，那就是名声的形成要经过很长的过程，要经过很多事情的检验，而它很可能在某一天或者一瞬间就会无影无踪了。正所谓"好事不留名，坏事传千里"。名声的形成难，破坏易，因此我们要善待自己的名声。名声一旦失去，再想恢复起来难上加难。

人际指南

除了平时"储蓄"之外，我们还可以通过对自己的朋友圈进行管理划分，提高朋友圈层次，与朋友互换朋友圈资源等方式来为自己的朋友圈账户增值。

第44讲　要有勇气坚持原则

俗话说："没有规矩，不成方圆。"做人和与人交往首先要明理，不能违背基本原则，如果违背了这些必须遵循的原则，那么掌握再多的技巧也于事无补。

北大毕业生，百度创始人李彦宏是一个非常坚持原则的人。他曾表示："我一直非常坚持一个原则，就是'专注'，把一件事情做到极致需要非常的专注，把主要精力放在一个地方，才能做得比别人好。""我是一个非常专注的人，一旦认定方向就不会改变，直到把它做好。"从大学三年级起，这个已经被出国、留学刺激得彻夜难眠的中国青年开始心无旁骛，像很多同类一样买来托福、GRE等书狂啃，过起了"教室——图书馆——宿舍"三点一线的清教徒式生活，唯一的目标就是留学美国，方向锁定在计算机专业。在互联网经济泡沫下，门户网站为降低成本各自开始做搜索，而百度的软件计划又走不通，各方建议是否应该引导百度转型之时，李彦宏却仍然专注的认定搜索这条路，终于在2001年9月寻觅到了竞价排名的盈利之路。

"无论是企业或个人，都应该专注于自己的领域，并坚持到底。因为人的精力是有限的，企业可利用的资源也是有限的，唯有专注如一，将所有的力量施于一点，才能超越别人，取得持久而非凡的成就。"正是这样的专注，让李彦宏影响了一批批员工并向中国互联网市场输送了不少人才。

一位实习护士第一次为某知名外科医师的一个手术担任助手。手术完成后，医师正准备做缝合，实习护士说："医生，手术共用了15块纱布，可是这里只有14块。"医师摇摇头告诉她，他只用了14块纱布，并开始缝合。护士坚持用了15块，而且语气坚决地说："医生，在取出第15块纱布以前，您不能缝合！"医师严肃地看着护士说，这样耽误时间会影响到病人的生命。然而，护士仍大声对医师说："是的，为了对病人的生命负责，必须尽快找到那块纱布！"突然，医师脸上露出了笑容摊开手掌，在他的手上赫然放着第15块纱布。手术结束后，这位知名的外科医师召集外科的护士和医生，指着这位护士宣布："从今天开始，她就是我的正式助手。"

艾梅莉是美国经济学家葛尔布莱的女管家。一次，葛尔布莱感到特别劳累，便吩咐艾梅莉在他午睡时不要打扰他。一会儿，白宫打来电话。"请找葛尔布莱，我是约翰逊。"原来是总统的电话。"他在午睡，嘱咐过不要叫他，总统先生。"艾梅莉回答道。"把他叫醒，我有要紧事。"总统焦急地说。"不，总统先生，我是替他工作，而不是替您工作。"艾梅莉坚持道。事后，葛尔布莱向总统表示歉意，而总统却显得喜不自胜："告诉你的管家，我要她到白宫来工作。"作为下属，在没有接到关于决策变动的情况时，不要因为听到小道消息或根据自己的主观判断而停止贯彻执行决策。

虽然以上两个故事反映了完全不同的两个方面，却表现出了主人公面对权威时的勇气。有勇气做他人不敢想、不敢做的事。在人际交往过程中，若能坚持自己必须坚持的原则，不仅能赢得他人的尊重，还能使自己的朋友圈更为理性和成熟，进而帮助自己不断迈向成功。

人际指南

交往是平等的，尊重他人，才能赢得他人的尊重。在与他人进行交往时，要把双方放在平等的位置上，即不能觉得低人一等，也不能高高在上。在交往中要对自己有信心，对别人有诚心，平等互利的交往，才可能持久。

第45讲　为语言裹上"糖衣"

在交谈中，不应直接陈述令对方不快、反感之事，更不能因此伤害其自尊心。必要时，在说法上应当力求含蓄、婉转、动听，并留有余地，善解人意，这就是所谓施辞委婉。来访者停留时间过长，从而影响本人，需要请其离开，不宜直接说："你该走了"、"你待得太久了"，而应当说"我不再占用你的宝贵时间了"等。

同样的意思经过不同的方式表达出来，其效果可能会有天壤之别，如果以直接尖刻的方式说出，会让人心生抵触，难以接受。但如果适当变通一下，为其裹上一层"糖衣"，绕个圈子，以更委婉的方式提出，则能够让人欣然接受。

富兰克林说过这样一段话："我立下一条规矩，绝不正面反对别人的意见，也不让自己武断。我甚至不准自己表达文字或语言上过分肯定的意见。尽管我不善于辞令，更谈不上雄辩，遣词造句也很迟钝，有时还会说错话，但一般来说，我的意见能得到广泛的支持。"我们也可以如此委婉一点、谦虚一点、愚蠢一点，那么你就能得到更多朋友的支持。

"今晚一起打保龄球去吧！"、"下班后一起喝一杯吧！"当你面对这些请求时，该如何拒绝呢？这种情况下，我们可以用亲人作为挡箭牌，你可以这样说："抱歉，我妈在等我回家呢。"、"说实在的，我夫人……"、"小孩今天身体不舒服，我得赶回去……"这样，别人就不好强求了。

有一次，一位女士怒气冲冲地走进食品商店，向营业员喝道："我叫我儿子在你们这儿称的果酱，为什么缺斤少两？"

服务员一愣，待她道出原因之后，就有礼貌地回答："请你回去称称孩子，看他是否变重了。"这位妈妈恍然大悟，脸上怒气全消，心平气和地对服务员说："噢，对不起，误会了。"服务员小姐认准了自己不会称错，便剩下一种可能，即是小孩把果酱偷吃了。如果明说"我不会搞错的，肯定是你儿子偷吃了"，或者"你不找自己儿子的麻烦，倒问我称错没有，真是莫名其妙"，就不但不能平息顾客的怒气，反而会引发一场更大的争论。因此，服务员用幽默委婉的语气指出妇女所忽视了的问题，这样既维护了商店的信誉，又避免了一场争吵，赢得顾客的好评。

对别人的建议和批评要侧面点拨，即不要做一些直言相告，而是从侧面委婉地点拨对方，使其明白自己的不满，打消其失当的念头。

马吉·嘉可布太太请了几位技术非常好的工人加盖房子。头几天，他们总是把院子弄得乱七八糟，到处都有木屑。一次，等他们结束了一天的工作后，聪明的嘉可布太太不露声色地叫来她的孩子们，和他们一起把木屑处理干净，堆到院子的角落里。第二天，工人们来的时候，她非常高兴地对工人们说："你们昨天把院子打扫干净了，我非常高兴。老实说，这简直比我们以前的院子还要干净。"听到这些话后，那些工人十分不好意思，以后都把木屑堆在了院子的角落里。

人际指南

话里藏话、旁敲侧击是聪明人的"游戏"。

第五章

经营朋友圈，让人际交往通达顺畅

——朋友圈维护

第 46 讲　朋友圈维系需保鲜

三国的刘备，很多人只知道他礼贤下士，赢得了不少忠臣良将，其实他还是一个很会为同学情谊"保鲜"的人。在私塾的时候，刘备很注意与同学搞好关系，毕业各奔东西后，他还经常与同学们保持联系。他在私塾时有一个好友叫石全，刘备经常邀请这个人来自己家做客。石全家里虽然贫寒，刘备却从来没有疏远他的意思。他们在一起畅谈国家大事，时间长了，他们二人的关系比在私塾那时更加亲密。后来，刘备成了东汉末年的一方势力。在一次交战中，他的兵力全部被歼灭，刘备自己也受了重伤，在石全的帮助下，刘备才逃过了一劫。

事业的发展和成功受许多客观因素的限制，很多时候不是可以靠一己之力而能做到的。你虽然不能够独自控制事业上发生的事情，但是可以凭借朋友的帮助，来推动自己事业的发展，促进它的进步与成功。而这一切，是要以你和有助于你事业的朋友保持联系为前提的。

郑黎励，2005 年 7 月毕业于北大光华管理学院工商管理本科。目前在汇丰银行私人银行投资产品部门，负责财富管理业务。2005 年毕业的时候，郑黎励一共拿到 7 个 Offer，都是咨询公司和外资银行。最终她选择了汇丰银行。毕业两年，她还是经常上北大未名 BBS，用细腻温婉的笔触在 MSN 空间上写下关于现在工作的感受和对北大的回忆。"跨进校门，熟稔而清晰的感觉——静。外界的喧嚣和浮躁好像统统被挡在了墙外。每次走进北大，这种从心底涌上的舒适感和安全感都会随着血液渗透到我的每个细胞，温情脉脉的暖意。那条路，那些树，那些人，精神家园。"郑黎励博客上的描述时常是一些静谧的回忆。

中国台湾有位著名的"名片管理大师"叫杨舜仁，他号称有 1.6 万多张不同人的名片。而经过他自己建立的一套名片管理系统，可以在几秒钟内找出任何一个人的资料。他是因何要开发这种系统的呢？原来在原公司辞职的时候，他向亲朋好友发了三千多封电子邮件，向他们告知自己辞职的原因，并且感谢他们这么多年对自己的照顾，没想到的是之后他陆续收到回信，其中还有很多介绍工作的机会。

从今天开始，请不要再以自己忙为借口了！你可以与你的朋友们经常联系，用电子邮件写封"好久不见了，最近还好吗？"其实，除了发送邮件，我们还可以通过更多的方式来进行朋友圈保鲜的功课。一般说来，有下面这几种值得我们尝试。

1. 充分利用网络

网络已成为一种流行甚至时尚的交往方式，写一句留言，贴上一个搞怪的表情，都有可能让你的朋友在收到时哈哈大笑或处于感动中，他自然会对你的印象更加深刻，这是经常处于忙碌状态难以脱身的人维护朋友圈的一种秘密武器。

2. 得意或失意，都要打电话

你的某个朋友失业了，正处于无比沮丧时，不妨打一个电话过去，提个不错的建议，给予一些帮助，介绍一个工作岗位，这样就能建立一层忠诚的朋友圈。

3. 让你的朋友圈信息都是有效信息

可能你的朋友最近升迁了，搬家了，换了手机号码了，以前的邮箱忘记密码了等，这些问题都很常见。这就导致你通讯录上的某些信息因为朋友情况变动成为了"无效信息"，这就需要你随时留意朋友的变化，常常互相关心一下。

人际指南

如果你的人情账户上没有什么储蓄，到需要用人情的时候，自然也就无情可用了。因此，在人情账户上千万不能出现负数，一旦出现了负数，人情债欠得太多，需要别人办事的时候，人家也就会有想法，一次两次无偿帮助你，还可能觉得情有可原，但久而久之，别人也就会不乐意了。只有平时主动帮助别人，把人情做足，充实你的人情账户，你的人情账户上的储蓄才会越来越多，越来越够用。

第47讲　朋友圈需要精挑细选

一个高绩效的人，并不是认识的人越多越好，也不是认识的人越重要越好。他们会精心挑选自己的朋友圈，把自己的朋友圈控制在一个适度的范围，保证这些朋友圈构成的多样化，并善用这些朋友圈。

有相关研究表明：高质量的朋友圈会带来提高工作业绩和平添人生快乐方面的好处。在工作业绩和人生快乐方面持续居于公司前20%的高管，他们的社交网络呈现多样化，通常由来自不同领域、公司上下阶层的高品质朋友圈组成。

百事可乐公司的董事长唐纳德·肯特就坚持朋友圈一定要追求高质量且对自己有帮助的准则。唐纳德和尼克松颇有私交，1959年尼克松任美国副总统时，世界博览会在莫斯科举行，为进军前苏联市场，唐纳德·肯特请求尼克松在陪同苏联总理参观时，想办法让苏联总理喝一杯百事可乐。尼克松与赫鲁晓夫打过招呼后，赫鲁晓夫在路过百事可乐展台时，拿起一杯百事可乐品尝，顿时各国记者的镁光灯闪个不停；这对百事可乐来说，无疑是一个既特殊又颇具影响力的免费广告。借助这件事，百事可乐领先可口可乐，在苏联市场站稳了脚跟。

1964年，尼克松在大选中败给了肯尼迪，百事可乐公司看准尼克松的外交能力，以10万美元年薪重金聘请尼克松为顾问和律师。尼克松接受了，并利用他当副总统的旧关系周游列国，积极兜售百事可乐，使百事可乐在世界上的销售业绩直线上升，尤其是他还帮百事可乐攻占了中国台湾地区的市场。

在美国好莱坞，流行一句话：一个人能否成功，不在于你知道什么，而是在于你认识谁。这句话强调的就是朋友圈作用。试想，如果你是一位老板，有一位你认识的或是朋友介绍的人，与另一位你完全不认识和不了解的人同时来请求你给予工作的机会，两者的能力相差无几，你会选择谁呢？答案是很显然的。

现在很多人关心自己社会关系的质量有四个标准很重要，就是多样性、真实性、平衡性、交叉性，用这四个"性"来检查自己所交往的社会关系。

第一点多样性。多样性要求我们首先要在朋友圈的数量上占优势，同时在他们的职业分布与认识这些人的途径上存在差异，单一的职业分布与单一的认识渠道显示过度的同质性，并不能显示太高的人际关系质量。

第二点真实性。我们对开发关系还有一定重视，但我们很少注重的是在我们没事的时候维护关系。

第三点平衡性。主动性与被动性地寻找人际关系要平衡，不能总是主动，也不能一味地被动。

第四点交叉性，就是从一个理性的资本结构的角度来说，你应该跟背后社会关系总量大的人交往，他可以在较短时间内较快地扩充你的社会资本总量。[1]

人际关系的精挑细选还要求除掉人际关系中的毒草。

中坤投资集团董事长黄怒波毕业于北大。2002 年，中坤正处上升期。有一次，黄怒波和一个生意伙伴闲聊，对方无意间问道："老黄，你什么时候又弄了一个公司？"黄怒波非常吃惊："没有啊！"他回去一查，不禁勃然大怒："我感觉自己像被猴耍了！"

原来，他的几个老部下背着他转走了公司 3000 万元，早在几年前，就另成立了一家公司。这几个人跟随他二十多年了，当初，是他介绍他

---

1 袁岳 . 高质量人脉的特点 [J]. 哈佛商业评论，2011（1）.

们进中宣部从事司机、电工和行政等工作；后来，他出来创业，又把他们带了出来。黄怒波对他们十分信任,他们在公司担任总经理等重要职务，企业的日常事务都交给他们打理。可以说，黄怒波对他们比亲兄弟还亲。这件事让黄怒波很沮丧，不仅是对朋友，更是对人性的失望。这种苦痛一度让他绝望。

人际指南

只有互相分享才能壮大你的人际关系圈子，同时壮大朋友的社交圈，这样资源会更容易分享利用，创造更大的价值，于友于己都是好的。如果你只想去分享别人的圈子，而不愿分享自己的高质量人际关系，你的圈子只会越来越小，别人也不会与你分享了。

第48讲　做好名片管理

名片是人们日常必备的一种沟通交流工具。但是很多人却不懂得对名片进行有效管理，通常是在与人会面或参加集体交际活动后，就随手往家里、办公室一扔，甚至信手丢掉。然而，或许会有一天，你急于找到曾经有过一面之交的朋友，却苦于找不到他们留给你的名片。

如何进行名片管理：

1. 名片管理要及时

作为一个管理人，你其实每天都会有很多机会接受名片，如果不及时处理，这些名片很有可能会被你忽略。所以，当你接到新朋友的名片之后，最好立即在名片的背面做上批注，写上你们相遇的地点和介绍人，如果有条件的话还要标注对方的兴趣和仪表特征，当然，还有一个问题也是不容忽略的，那就是你们当时都聊了什么话题，记住这个有助于你下次再与对方见面的时候以此来唤起对方对你的记忆。

2. 一式三份

得到一张名片后，将名片复制成 3 份，分别放在办公室、家里、总档案袋中。

3. 分别处理

将所有的名片分成三部分，一部分是用来电话联络的，一部分交由秘书保管，并由秘书通过书信或电话的方式去联络，最后一部分是应该亲自去拜访的。

4. 分类

对所有的名片进行分类，具体可以按地域分类，比如按省份、城市分类，也可以按行业、单位分类，还可以按人际关系资源的性质分类，比如同学、客户、专家等。

5. 记录沟通联系情况

每当与名片上的关系人进行联系时，都应在卡片上记录并标示上日期。这样做是为了快速知道哪些人已经联络过了，哪些人还没有联系。

6. 旧内容更新

定期删除或修正名片中无用的资料。

7. 对收集的名片要经常翻看

在工作的间隙，翻一下自己的名片档案，必要的时候，给对方打一个问候的电话，发一条祝福的短信等，会让对方感觉到你的存在和对他的关心与尊重，从而让双方的关系在不断沟通中升温。

人际指南

如何去递接名片呢？这可不容忽视，短短的一个过程可以透露出你这个人的素养，别人会以这个为标准判断你值不值得交。

在取出名片准备送给别人时，要双手轻托名片至齐胸的高度，并将正面朝向对方，以方便别人接收时阅读。如果人多而自己左手正拿着一叠名片，也应该用右手轻托，左手给以辅助，一张张地发给每个人，不要像发扑克牌一样随便乱丢。

其次，交换名片时态度也需要热情而且诚恳，表示你是真心地想与对方交朋友。残缺褶皱的名片不能使用，因为那样既不尊重对方也不尊重自己，同时名片还不宜涂改。

第49讲　虚心请教达到双赢

一个人的力量往往是十分有限的，许多问题往往不是一个人能够解决的。当问题因无法解决而陷入困局时，你就必须请教能为你指点迷津的人，请求他们帮助你，给你建议，以便顺利解决问题。

请教也是一种让交际双方"双赢"的方法，一方面，求教的人可以学到知识和经验；另一方面，授教的人会从帮助中体会到一种心理满足。请教还是赞美的一种最贴近人心的方式，是最高超的赞美。

1. 向对方请教他最感兴趣的问题并和他商量解决的办法，是获得他人好感的最稳妥的办法

就是因为运用了这个策略，一个刚刚来自乡村的默默无闻的孩子才能与当时纽约最有权势的人见面。

年轻的法华尔在想尽办法进入了雅阁普·阿斯特的办公室之后，他对这位大名鼎鼎的人物说："我想向您请教，怎样才能像您一样，成为一名百万富翁呢？"

听了这句话之后，阿斯特非常惊讶，也很高兴，他不仅耐心地和法华尔聊了起来，还把他介绍给当时很多大人物，如费什、斯图尔特、贝内特等。

这句话听起来似乎漫无边际，可在这句话中，我们看到了对于人性的一种敏锐的洞察，最终，这种洞察力帮助法华尔成为一位实业界的百万富翁。其实，我们很容易明白他的这种策略所基于的原则。他只是十分成功地将他对人性的洞察力运用到了一个实例中罢了。他的方法就是：咨询对方的意见，夸奖他们的才智，使其真正拥有受到恭维的感觉。

2. 许多经验表明，以请教的方式提出建议更易让领导接受

请教，是一种低姿态。它的潜在含义是，尊重领导的权威，承认领导的优越性。这表明，下属在提出意见之前，已仔细地研究和推敲了领导的方案和计划，是以认真、科学的态度来对待领导的思想的。因而，下属的建议应该是在尊重领导观点的基础之上提出的，主要是对领导观点的有益补充。这种印象无疑会使领导感到情绪放松，从而降低对你建议的某种敌意。

3. 当面对一个初次见面的人时，你同样也可以使用请教的方法

老江在一个项目中，想找到管理此工程的负责人，由于此项目竞争激烈，如何才能获得这些项目呢？老江打探清楚该负责人有个习惯，每逢周末都要到郊区的鱼塘钓鱼。于是老江探明地点，也带上渔具，跑到该鱼塘。他先在旁边看着负责人垂钓，每当负责人钓上鱼的时候，老江都表现得很羡慕。负责人自然就觉得很得意，看见老江带着渔具却没钓鱼，便好奇地询问。老江装作不会钓鱼，借机请教。负责人一下觉得遇到知音，便告诉老江一些钓鱼的窍门。两人越聊越投机，不知不觉就谈到了各自的职业，老江一副很委屈的样子，说着自己行业竞争的激烈，向负责人大吐苦水。等到负责人表露身份的时候，老江也就顺理成章地提出了要求。最终老江的公司顺利地拿到了工程招标。

人际指南

　　当你以谦逊的态度来对待周围人的时候，你就很容易被其他人接受。尤其当双方所处地域不同、文化背景各异的时候，你的一句"我不太明白"、"我没有理解你的意思"、"请再说一遍"，会让你显得更有涵养和人情味，也更真诚可亲，从而更容易赢得别人的好感。

第50讲　创造机会与人相识

　　在生活中有很多与别人接触的机会，有的人朋友圈很广，有的人朋友圈很窄，原因就在于构建朋友圈的时机把握有差异。结交贵人确实需要机会，并且这机会中也并不排除机缘的存在性。就是说在你自身能力一定的情况下，有可能通过一种完全偶然的机缘遇到一个贵人，从此人生发生变化，当然这种情况是很少的。

　　事实上，机会从来都偏爱那些有准备头脑的人。如果机会的"馅饼"确实不曾砸在你的头上，那么就自己创造一个吧。为了成功，为了实现自己的梦想，这又有什么不可以呢？

　　拿破仑·波拿巴是法国18世纪的政治家、军事家，法兰西第一帝国和百日王朝皇帝。可他原来只是一个小小的尉级炮兵军官。

　　1793年，他被派往前线，参加进攻土伦的战役。正当前线指挥官面对土伦坚固的防线犯难的时候，拿破仑立刻抓住这个机会，直接向特派员萨利切蒂提出新的作战方案。在特派员苦无良策时，看到拿破仑的作战方案很有新意，就立即任命拿破仑为攻城炮兵副指挥，并提升为少校。拿破仑抓住机遇，在前线精心谋划，勇敢战斗，充分显示出他的胆识和才智，最后攻克了土伦。他因此荣立战功，并被破格提升为少将旅长。

终于一举成名，为他后来叱咤风云、登上权力顶峰奠定了基础。

想要创造机会，可以参考以下做法：

1. 可以通过熟人介绍：扩展朋友圈链条

根据自己的朋友圈发展规划，可以列出需要开发的朋友圈对象所在的领域，然后，就可以要求你现在的朋友圈支持者帮助寻找或介绍你所希望认识的朋友圈目标，创造机会采取行动。

2. 参与社团：走出自我封闭的小圈子

通过社团活动的开拓来经营朋友圈。如果参加某个社团组织，最好能谋到一个组织者的角色，理事长、会长、秘书长更好，这样就得到了一个服务他人的机会，在为他人服务的过程中，自然就增加了与他人联系、交流、了解的时间，朋友圈之路也就在自然而然中不断延伸。

3. 利用网络：廉价的朋友圈通道

打造自己的网络品牌，将自己对所处行业的感受贴在网上。有一次，某位通过网络与另一篇文章的作者建立了很好的"文缘"，四个月后，他们相约见面，交谈甚欢，对方邀请他到他的企业去工作。原来，这位网友竟然是朋友所从事的行业中第二大企业的老板。现在，他已是这家企业主管营销的副总经理。

在各个场合，你都有许多接触他人的机会：如果你想让他们成为你"圈子网"中的一员，就必须付出努力。在彼此都不认识的时候，你要主动出击，以真诚友好的方式把自己介绍给别人。

一所大学的某一学院邀请当时的商界名人来校演讲，大礼堂里座无虚席。讲到一半的时候，这位名人提出想请几位金融专业的同学上台来配合他做一个小小的实验，台下有很多这个专业的同学，甚至还有慕名而来的外校学生，但最终就是没有人响应他的号召，他只好请邀请他来做讲座的老师帮忙，"硬性"地找了几个人上来。后来，专家无奈地摇摇头，说："大家都想知道成功的秘诀是什么，这里我先暂停一下，针对刚才这件小事讲个故事给你们听：我刚到美国读书的时候，大学里也经常邀请一些其他大学的专家教授或者大公司的高层管理人员前来做演讲。每每有这样的讲座，我的很多美国同学都会事先准备好一张硬纸，制作一个规格稍大的'姓名牌'，在上面用醒目的颜色和字体写上自己的名字，等到讲座开始时放在桌子边上。以便演讲者需要听者响应时，可以直接看名字叫人，也便于在他们引起演讲者注意的时候，对方能够记住他们的名字。如果期间有需要互动的时候，他们更是争先恐后地上台，生怕自己没有'抢'到机会。"

"他们觉得演讲者都是在社会上颇有名望的人物，这些人浑身上下都标志着'资源'和'机会'。当你的回答有出彩之处或者让他印象深刻时，他很有可能就会记住你。这是一个很简单的道理，也许你们会说这都是美国人外向的性格使然，中国人讲究低调谦虚，不习惯来那一套，但是就在你还在低头谦虚的时候，大好的机会已经与你擦肩而过，溜进了别人的生命里。"

人际指南

如果你确实想为自己创造机会去认识很多的人际关系，那么就要为自己制定一个上限，比如一个月只参加一两个活动。关系的建立需要很长时间，所以与少一点的圈子保持长期的关系比参加很多圈子却只保持短暂关系要好。

第51讲　电梯里的公共礼仪

进电梯、按楼号、出电梯，乘坐电梯就是这么简单的一件事。但这上上下下、进进出出间却可以发生不简单的事，一个小举动可以让老板对你青睐有加、可以让客户对你百般信任，当然也可以让你遭遇降职、业务失败，而这其中掌舵者就在于电梯礼仪。

出入有人控制的电梯，陪同者应后进去后出来，让客人先进先出。把选择方向的权利让给地位高的人或客人，这是走路的一个基本规则。当然，如果客人初次光临，对地形不熟悉，你还是应该为他们指引方向。

出入无人控制的电梯时，伴随客人或上级来到电梯厅门前时，先按电梯按钮；电梯到达门打开时，可先行进入电梯，一手按开门按钮，另一手按住电梯侧门，请客人们进入；进入电梯后，按下客人要去的楼层按钮；行进中有其他人员进入，可主动询问要去几楼，帮忙按下。

电梯内尽可能不要寒暄。电梯内尽量侧身面对其他人。

到达目的楼层，一手按住开门按钮，另一手做出请出的动作，可说："到了，您先请！"

客人走出电梯后，自己立刻步出电梯，并热诚地引导行进的方向。

进入电梯后，面部应朝电梯口，以免造成与他人面对面的尴尬；如果你是站在开关处，应做开关的服务工作；在电梯里，尽量站成"凹"字形，以便给后进入者一定的空间；如果自己要去的楼层比较高，应主动站在里面。由于电梯内空间狭小，千万不可抽烟，不能乱丢垃圾，注意保持环境卫生。

电梯里的禁忌行为：

（1）长头发姑娘留意。在人多的电梯中，请不要摇动你的头，可能很多人曾被这个动作"刮脸"无数次，而导致无名火冒三丈！

（2）在电梯里吸烟是最不礼貌的行为，应禁止在电梯里吸烟。因电梯里空间很小，一人吸烟大家受害。

（3）不要大声喧哗，蹦蹦跳跳，手舞足蹈。

（4）如果带宠物或大型物品就要走货梯，或步行梯。[1]

---

1 刘雨钟. 电梯礼仪 [J]. 新壹周，2010（9）.

人际指南

使用电梯进入时应走到尽头角落处，不要怕按不到楼键，只要轻声请别人帮忙便可以了。

第52讲　与人交往不记旧恶

俗话说"人无千日好，花无百日红"，没有永远的敌人，也没有永远的朋友：敌人会变成朋友，朋友也会变成敌人，这是社会上的现实。当朋友因某种缘故而成为你的敌人时，也不必太忧伤感叹，因为有一天他有可能再成为你的朋友，有这样的认知，就能以平常心来交朋友。

"与人交往不记旧恶"，往往更能体现一个人是否目光远大。对于曾经有"恶"于己的人，总是耿耿于怀、计较前嫌，这样的人往往很难成就一番大事业，也不可能建设好做大事的人际关系资源网络。

历史上，李世民就是依靠不记旧恶的博大胸怀，笼络了如魏征、李靖这样一批重臣，从而开创了盛唐的辉煌。在玄武门之变前，魏征曾多次鼓动太子李建成杀掉李世民；但李世民夺得皇位后，不记旧恶，仍量才重用魏征，使魏征"喜逢知己之主，竭其力用"，多次献诤言，为大唐盛世立下了汗马功劳。李靖原是隋朝的官员，还向隋炀帝举报李渊企图谋反。后来，李渊灭隋后要杀李靖，李世民坚决反对才保住李靖一命。后来，李世民夺得皇位，李靖驰骋疆场，常年征战于边陲，为盛唐的边境安定立下了不朽功勋。

纵观历史几千年，那些心胸豁达之人，大多是有勇有谋、海纳百川之士。这些人不但把自己的人生打理得尽善尽美，大多还会在事业上做出一番创举。春秋时期的范蠡，政治上有大作为，帮助越王成就大业。但在功成名就之时，人家全身而退。出没于商市，隐转于山水。三次经商成为全国首富，但却三次散尽家财，被人称为商圣、财神。

想想现实，你不过是和朋友聚会多买了一次单，或者别人借了你的东西忘了还你，这值得耿耿于怀、喋喋不休吗？与范老先生的政治前途和无以数计的金银财宝相比，你逊色了多少呢？

事实上，我们的生活与工作中并没有真正的敌人。如果你有的话，只是因为你处世的功夫还不够高。

李泽是个心胸开阔的实在人。陈阳遇事爱斤斤计较，喜欢占点小便宜，两人是多年的邻居。

陈阳心想自己家的院子要是能再大点就好了，一天夜里，陈阳见李泽家的灯熄灭了，便偷偷将自己家的篱笆向李泽家移了一步，以便让自己家的院子更宽敞些，正当陈阳心里得意时，没想到这一举动正好让李泽发现，陈阳很不好意思，便红着脸进了屋。

第二天，陈阳推开屋门一看，自己家的院子比以前宽敞了许多，再一看篱笆，他简直羞愧极了。原来，昨天晚上陈阳进屋后，李泽又偷偷将陈阳家的篱笆往自己家这边挪了一大步，这样一来，陈阳家的院子更宽敞了。

就是李泽的这一举动，让陈阳欠下了李泽一个大人情，每当想起这件事，陈阳心里总是感到愧疚，总想找机会继续报答李泽。

人际指南

以"和为贵"，这是古今中外成功者最推崇的处世哲学。在社会中，人与人之间是一种相互依存的关系，要想让这种依存关系和谐有序，就必须懂得"心"的作用。

第 53 讲　吃亏就是占便宜

做人过于精明，无非想占点小便宜，遇事装糊涂，也就吃点小亏。但"吃亏是福不是祸"，往往有出人意料的收获，"饶人不是疾，过后得便宜"，歪打正着，"吃小亏占大便宜"。

在生活中，人们对处处抢先占小便宜的人一般没有什么好感，这样，他从做人上来说就吃了大亏。因为你处处为自己谋取每一点看在眼里的利益，那么你周围的人就不会与你做朋友，反而要处处对你设防，这样一来，你不是将会失去更多了吗？

众所周知，求人帮忙是被动的，可如果别人欠了你的人情，求别人办事自然会很容易，有时甚至不用自己开口，别人就会主动帮你。做人做得如此风光，大多与乐善好施有关。互惠能够交换我们的人情，也是我们取得共赢的完美途径。

红顶商人胡雪岩的成功除了他本身的经商才智，更重要的是依靠他练达的交际能力，他不但善于制造机会和利用机会，更懂得吃亏，吃大亏才能令人信赖的道理。他深得古人"投之以木瓜，报之以琼琚"的真传，终于成为清朝唯一的"红顶商人"。胡雪岩就是以吃亏来交友，以吃亏来得利的。

因为吃亏你就成了施者，朋友则成了受者，看上去，是你吃了亏，他得了益，然而，朋友就欠了你一个人情，在友谊、情感的天平上，你已加了一个筹码，这是比金钱、比财富更值得你珍视的东西。所以，古人说："吝于财者失所亲。"吃亏，会让你在朋友眼里变得豁达、宽厚，让你获得更深的友情。这当然会使朋友更心甘情愿地帮助你，为你办事。

在"长江"的客户中，有个美籍犹太人马素曾订了一批塑料产品，打算运到美国销售，后来不知何故临时取消合约，但是，李嘉诚并没有要求赔偿，他对马素说："日后若有其他生意，我们还是可以建立更好的关系。"马素深感这位宽厚的年轻创业者是个能做大事的人，于是不断地向美国的客户推销"长江"的产品，北美洲的订单如雪片般地飞来，李嘉诚由此进一步感悟"吃亏是福"的道理。

小王住的小区外面有条小吃街，其中有个卖牛肉面的摊位生意很好，无论在什么时候，食客都比其他摊位要多。小王去吃过几次，随即就明白了其中的道理。实际上，这个老板做的事情很简单，他做的牛肉面的分量很足，牛肉比别的摊位要多了近三分之一。这样一来，食客们就会觉得在他那里吃面比别的地方划算，而且有时觉得不够，喊一声，老板还会乐呵呵地再给你碗里加点汤和两三块牛肉。时间久了，食客们觉得得到了尊重，于是就成了老主顾。这位老板可能多花了一块肉的成本，可是买到了客人的忠诚度，是不是吃亏占便宜呢？

人这一辈子要想不吃亏是不大可能的，问题在于我们如何看待"吃亏"。朋友之间你来我往无法做到绝对公平，总是要有人承受不公平。既然吃亏是无法避免的，那何必要去计较不休、自我折磨呢？

很多时候，吃点小亏对你自己的利益其实不会有什么损失。人心是一杆秤，如果你能使自己做到不斤斤计较，对别人不过分苛求，待人宽厚，你周围的人就会信赖你、尊重你，你就会有一个宽松而和谐的生活氛围，你就会时时有很开心的感觉。这大概就是"吃亏是福"的真谛。

世界上没有白占的便宜，爱占便宜者迟早要付出代价。有的人见好处就捞，遇便宜就占，即使是蝇头小利，见之亦心跳、眼红、手痒，志在必得。这种人每占一分便宜，便失一分人格；每捞一分好处，便掉一分尊严。

"帮助朋友"这种时间、精力、金钱上的耗费、吃亏，相信一般人都是愿意的。

有没有谁问过自己：我们帮助朋友的目的是什么？简单地说，在为自己赢得人际关系。对于刚刚进入社会的人，虽然人微言轻，又无经验，但是帮不上别人的大忙，可以帮别人小忙，要不然人家凭什么要来和我打交道呢。

在与人交往时，这个帮助不一定有多大，也许只是一次小小的心灵安慰，也许是送不舒服的朋友回家，也许是在工作上一点小小的建议……这些虽然看起来都是微不足道的小事情，但是只要帮助是出自真心，相信曾经帮助过的人肯定会铭记在心，在适当的机会涌泉相报。

在我们积极"投资"的同时，还要注意不要急于获得回报。现实生活中，只有付出，不问回报的人只占少数，大多数人在付出而没有得到期望中的回报时，就会产生吃亏的感觉。

不怕吃亏的同时，我们还应该注意，不要过多地付出。过多地付出，对于对方来说是一笔无法偿还的债，会给对方带来巨大的心理压力，使人觉得很累，导致心理天平的失衡。这同样会损害已经形成的人际关系。这种例子屡见不鲜，我们常常会听人抱怨："我对他那么好，付出了那么多，为什么他反倒开始不喜欢我了？"殊不知，正是自己付出得太多，才损害了两个人的关系。

人际指南

吃亏本身并不是福，只是一次的吃亏会为以后带来福气，它是占"大便宜"的一种策略，是一种智慧。在生活中，不管是金钱利益或工作机会，懂得分享的人，最终往往可以获得更多人际关系。因为朋友愿意与他在一起，人际关系越丰富，成功的机会自然也就越多。

第54讲　知恩图报，懂得感恩

中国有一句流传下来的格言："滴水之恩，当涌泉相报。"到现在还经常为人们引用。其意是教人"知恩图报"，不要忘记在困难或危机时救助过自己的人。

现实生活中，我们都有过这样的体验，作为亲戚的甲方若是一味地照顾、帮助乙方，而乙方则回报以不冷不热、不谢不送的公事公办的态度，时间长了，甲方必定会生气，认为乙方是不近人情、不值得关照的冷血动物。若乙方依然故我，认为甲方帮助他是应该的，那甲方必然会终止与乙方交往。相反，若乙方知恩懂情，虽然没有什么物质好处回报，但经常以自己的劳动力帮甲方做点家务活、跑跑腿等作为感谢，甲方也会得到心理平衡，也是愿意与乙方继续交往下去的。

在我们得到对方的帮助时，你应适时地表达自己的感谢。别人给了你方便，可能他自己很快就忘了，但受到帮助的人却一定要记得。如果你懂得感谢，知恩图报，别人对你的好感将只增不减，这会让你的朋友圈更加稳固。

如此一来，下次他再帮助你时，就愿意付出更多，也让你受益更多。这对于朋友圈需求比较大的人来说，花些心思去回报那些帮助过自己的人，格外重要。

送对方一个人情，对方便欠了你一个人情，知恩图报，这是人之常情。这样一来你就往你的存折里存了一笔人际关系。或许有人认为，这样一来一往，仿佛商品买卖，我给了你钱，你就必须给我商品。其实不尽然，人情的偿还，不是商场的等价交易，钱物两清，双方两讫了，那样太没人情味。人情的偿还一般很难说是等价的，否则交情变成交易，你与朋友的脸上都挂不住。

所谓"知恩图报"、"懂得感恩"就是这个意思。因此，在我们不能满足对方某个要求的时候，可以通过其他途径另行补偿给对方。我们在给予对方补偿的同时，也要注意一定的补偿技巧。

1. 选好补偿的时机

补偿时机的选择在交往中很重要，通常情况下，由于我们是与陌生人接触，因此及时补偿可以让对方在短时间内加深对我们的印象，以方便日后深层次的交往。

2. 允许对方给自己补偿

如果对方做错事，允许他对你进行补偿，这样可以减少他内心的负罪感，减少他的心理压力，有利于缩短双方的距离感。如果你想和一个人维持长久的关系，并且曾为他提供了帮助，那么不妨在适当的时候给对方一个机会。

3. 不能过度补偿

不论是一般关系还是亲朋好友，甚至是父母，都愿意听到一句别人对他们的感谢话，虽然他们的付出有多有寡，但受惠人一句滚烫贴切的话，无疑对他们是一种心理补偿。

然而，过度的补偿首先会给自己带来损失，同时也容易给对方造成压力。

没有一个人的事业在从无到有的过程中，是完全靠自己打拼出来的。很久以前，曾经有人在我们身上看到某种优点，因而愿意助我们一臂之力。然而现在他们对我们的看法还是一样吗？我们应该扪心自问。如果答案是否定的，说明成功使我们改变了，那么我们就该恢复到从前一无所有的时候！

人际
指南

　　人际往来的帮忙是互相的，且不可像做生意一样赤裸裸地、一口一个"有事吗"，"你帮了我的忙，下次我一定帮你"，而忽视了感情的交流。这会让人兴味索然，彼此的交情也维持不了多长时间。

第55讲　成功饭局的注意事项

　　在饭局上和客户能聊些口腹之事，一旦添上一个"局"字，意味就变得深长。它与感情相关，与圈子相关，与人情世故相关。风雅的饭局有曲水流觞的兰亭宴。东晋穆帝永和九年三月三日，王羲之与谢安、孙绰等四十一人，在山阴（今浙江绍兴）兰亭为"修禊事"齐聚一堂。在这场饭局上，中年的王羲之写了一帖集自身书法之大成的《兰亭集序》，流传千古。

　　据权威机构研究，世界上所有的谈判80%是直接或间接在饭桌上完成的。饮食在衣食住行中占有重要的位置，每个人都需要吃饭。那么又如何运用饭局进行人际关系销售呢？

　　诺罢·拉文做每周工作计划时就先确定他要同哪些人碰面，然后每个礼拜安排四个早餐、四个午餐和两个晚餐来跟与他个人或业务目标有关的人士聚餐。他们可能是客户，也可能是朋友，或是某些有影响力的人，也有可能是潜在客户或其他人。

　　这是极简单却非常有效的方式，一不浪费时间，因为自己吃饭也需要时间。另外在饭局上人的情绪大都会非常好，更容易结成深厚的友谊。

　　饭局上有哪些注意事项呢？

1. 座次

总的来讲，座次是"尚左尊东"、"面朝大门为尊"。若是圆桌，则正对大门的为主客，主客左右手边的位置，则以离主客的距离来看，越靠近主客位置越尊，相同距离则左侧尊于右侧。若为八仙桌，如果有正对大门的座位，则正对大门一侧的右位为主客。如果不正对大门，则面东的一侧右席为首席。

2. 点菜

一顿标准的中式大餐，通常，先上冷盘，接下来是热炒，随后是主菜，然后上点心和汤，如果感觉吃得有点腻，可以点一些餐后甜品，最后是上果盘。在点菜中要顾及到各个程序的菜式。优先考虑的菜肴是有特色的菜，对于外国人来说，中国的特色菜有炸春卷、煮元宵、蒸饺子、狮子头、宫爆鸡丁等。宴请中国人，则点本地特色的菜肴。如果双方都是本地人，点本餐馆的特色菜。在安排菜单时，还必须考虑来宾的饮食禁忌。

3. 吃菜

夹菜后，细嚼慢咽，这样不仅有利于消化，也是餐桌上的礼仪要求。就餐时不要挑食，或是只盯住自己喜欢的菜吃，或是急忙把喜欢的菜堆在自己的盘子里。

4. 离席

吃完饭后，人们并不是马上就散去，往往还要聊上一会儿，以增进感情。等坐中间位置的人流露出想走的意思后，众人才能随之散去。

人际指南

一本正经谈事情，谈得不好谈得好，都没有掩饰，就会有些尴尬。谈得开心，那吃得也开心；谈得不开心，也有吃饭做借口。

第56讲　道歉得当效果好

生活当中，有些时候难免得罪别人，或者彼此之间产生误会。这时，你千万不要孙悟空大闹天宫——慌了神。你应该及时地向对方表示歉意，无论你是否真的错了。道歉其实是一门艺术，道歉的方式得当，效果就好，否则，会适得其反。

1. 态度要诚恳

同事之间经常会出现一些磕磕碰碰，如果不及时妥善处理，就会形成大矛盾。俗话讲，"冤家宜解不宜结"。在与同事发生矛盾时，要主动忍让，从自身找原因，换位为他人多想想，避免矛盾激化。如果已经形成矛盾，自己又的确不对的，就要主动放下面子，学会道歉，以诚心感人。退一步海阔天空，如有一方主动打破僵局，就会发现彼此之间并没有什么大不了的隔阂。

2. 道歉要坦诚

与陌生人交往时，要学会道歉，因为它是缓和双方可能产生紧张关系的一贴灵药。比如，你不小心把茶水碰倒了，一声"实在对不起"便可以化解对方的不快。向别人道歉时一定要有诚意，切忌道歉时先辩解，推脱责任。

学会道歉，检讨自己，纠正错误，是一种美德和值得尊敬的事。因此不必躲躲闪闪，但也不必夸大其词，一味往自己脸上抹黑，那样，别人不仅不会接受你的道歉，甚至觉得你虚伪。

3. 道歉要及时

即使不能马上道歉，日后也要看准时机及时表示自己的歉意。

当你需要对方帮忙时，也要说声"对不起"以示礼貌。比如"对不起，能帮我倒杯茶吗？"你这样说能够体现出你自身的修养及谦和的态度。

第57讲　病从口入，祸从口出

美国加州大学心理学教授古德曼提出了著名的古德曼定理，简单的解释是："没有沉默就没有沟通。"也就是说，在人与人的沟通过程中，当你能够和沟通对象做到心领神会的时候，沉默便胜过千言万语。

千万不要让别人知道有关你的太多情况。世间有君子就一定会有小人，所以真诚并不等于无所保留、和盘托出。尤其是对于你并不十分了解的同事，最好还是有所保留，千万不要把自己所有的私事都告诉对方。

俗话说："病从口入，祸从口出。"这句话确实非常有道理。大多的灾祸是从自己的言谈中惹出来的，因而慎言可以减少祸端。

言谈的祸端，主要表现在以下两个方面：一是对身边的人和事说三道四，这种不考虑后果的高谈阔论，惹怒了身边的人，就会埋下灾祸的导火线；二是在众人之中挑拨离间、搬弄是非，像长舌妇一样，今天道东家长，明天说西家短，这种缺少修养的言谈，极有可能遭到报复。说话能把握分寸，说得恰到好处，是一种修养，一种水平，既不能唠唠叨叨、口若悬河，又不能该说话时却闷不做声。可见，言谈能反映出一个人为人处世的涵养功夫，要把握好分寸和态势。

1. 在有不同意见时保持沉默

在双方交谈时，一方不同意对方的意见，却迫于情面或对方的地位、优势，而无法直接表达出来，此时，表示反对意见的最好方式就是沉默以对。

2. 话不投机时保持沉默

话不投机半句多。

3. 面对批评、辱骂保持沉默

面对别人卑鄙、恶毒、残酷的批评或辱骂，你千万不要变得像对方一样失去理智。因为相互争吵辱骂，不会给任何一方带来快乐和胜利，只会带来更大的烦恼。

4. 面对误解保持沉默

受了委屈，或受到他人的误解，人们总想当时解释清楚，通过解释去化解矛盾，洗刷自己的清白。其实这时最好还是保持沉默。

5. 沟通心灵的时候需要沉默

不随便打断对方的话，让他有充足的时间来表达个人的思想和观点，注意倾听。

人际指南

其实人们要的不是道理，而是需要你有话好好说。

第58讲　以德报怨显风度

韩愈说："古之君子，其责己也重以周，其待人也轻以约。"古代有修养的人，待人很宽厚，而要求自己则十分严格和全面。只有宽以待人，才能更有感召力和吸引力。在日常生活中，难免会发生这样的事：亲密无间的朋友，无意或有意做了侵犯你的事，你是宽容他，还是从此绝交，或怀恨在心、待机报复？

有句俗话说"以牙还牙，以眼还眼"，很多时候，我们受到了伤害，报复似乎更符合人的本能心理。但这样做了，怨会越结越深，仇会越积越多，真是冤冤相报何时了。在很多时候，我们需要宽容。

古往今来，在漫漫的长河中，人类演绎了太多的冤冤相报和世代为仇的历史悲剧。古希腊与特洛伊进行了长达10年之久的战争，双方元气大伤，却仅为争夺一个女人；第二次世界大战后，以色列与阿拉伯国家之间无休止的流血冲突，双方互不相让、睚眦必报的行为，给中东稳定及世界和平带来灾难性后果。回望历史，冤冤相报给人类造成太多痛苦和灾难，留下无数遗恨和悲剧。

更何况现实生活中，哪有那么多的杀父之仇、夺妻之恨、灭子之怨呀，有点怨有些仇的，大不了是一些冲突，一些摩擦，遇到别人在气头上，自己笑一笑，也就过去了，遇到那些出言不逊、出手伤人的人，自己忍一忍，也就过去了。

一位哲人说过一番耐人寻味的话：天空收容每一片云彩，不论其美丑，故天空广阔无比；高山收容每一块岩石，不论其大小，故高山雄伟壮观；大海收容每一朵浪花，不论其清浊，故大海浩瀚无比。宽容是做人的一种风度和境界。

战国时期，梁、楚两国毗邻，为了区分边界，两国都在边界两侧设置了边亭。两国边亭一带的百姓各自种了一块瓜田。由于梁国边境县的县令由大夫宋就担任，在他的督促下，梁亭的百姓非常勤劳，他们经常给瓜田灌溉施肥，所以梁亭的瓜长得很好。而楚界边亭的百姓比较懒惰，很少照顾瓜田，所以他们的瓜长势不好。

出于妒忌，一天，楚人就趁天黑偷偷去糟蹋梁人的瓜秧。第二天，梁亭的百姓发觉了这件事，就向宋就支招：派人去糟蹋楚人的瓜秧，以示警告。宋就知道后说："仇怨是灾祸的根由。别人嫉妒你、祸害你，你就去报复别人，这是不明智的做法，这样只能加深怨恨！"大家又问该怎么处理这件事呢？宋就说自己另有高招。

之后，他派人每天晚上趁楚人熟睡时，替他们浇地。楚人第二天醒来发现瓜田已经浇灌过了。在梁人的暗中帮助下，楚亭的瓜田长势也一天一天好起来了。这让楚人感到很奇怪，于是他们就暗中调查，后来他们终于得知是梁人在帮助他们。楚人大受震撼，便把这件事报告给了楚王。楚王听说了这件事以后，为自己国民的做法感到惭愧，于是他就派人带着丰厚的礼物到梁国边亭去道歉，并表示愿意与梁国交好。梁王接受了楚王的好意，于是两国的关系就更加融洽了。

人际指南

老百姓常说："恨是离心药，爱是胶合剂。"因此，当你遭人嫉妒时，如果能够以德报怨，用爱心去感化嫉妒者，恩怨自然也就化解了。

第59讲　互惠让朋友圈更坚实

建立朋友圈是持续的过程，不仅仅是四处搜集名片，也许这些人无法立即介绍工作机会给你，但是保持联络就有机会，后续的联系目的主要是让双方了解对方的最新状况，并取得最新的信息，建立长久的互惠关系，以便在需要的时候用得上。但是，前提必须是你也提供信息给他们，让他们也从你这儿得到好处。

朋友圈的最高战略是互惠互利。有人深谙此道，经常主动帮朋友解决一些实际困难，增加自己的价值被利用的机会。帮助别人，就是在为自己的"人情信用卡"储蓄，特别是在别人患难之际施之援手，救落难英雄于困境，真心助人，其回报不言而喻。

心理学研究表明，交往关系中的互惠行为能够促进双方的信任。所以，不要吝啬你的帮助，向需要帮忙的人伸出援助之手吧。善于积累"滴水之恩"，你的人情储备会如江河一样源源不断，朋友圈的力量当然也会日益壮大。

职业专家指出，编制一张自己的人际关系资源图的关键是需要根据各个朋友的情况，制定出不同等级的联系频率，因为我们不可能和每个人都保持很密切的联系。同时，在建立黄金人际关系的法则中就有提到这一点，你得有让别人把你当成朋友的"资本"。因为人与人之间是彼此平等的，没有人愿意不计任何回报地提供帮助，而这主要就是沟通。发明"戴克公开演说法"的戴克就曾说："沟通是一种接触运动。"

有时候赢得人心最简单的方法，就是给对方一些甜头，送一些礼物。一些小恩小惠不仅能拉近彼此的距离，而且这样也可以互惠互利。因为礼物是传达感情的纽带，任何礼物都表示送礼人特有的心意或感谢、或祝贺、或孝敬、或怜爱、或爱情、或友情。

你一定会很惊讶，卡耐基作为钢铁大王却对钢铁制造不甚了解，那么他是如何成功的呢？关键就在于他知道如何与人分享利益，从而获得人们的支持。任何一笔成功的交易和谈判都应是双方互惠互利的，只想己方利益的人在生意场上是不可能获得长期合作伙伴的。一个好的商人必须站在对方的角度为对方想一想，如此才能达成双方的合作以及今后的进一步往来。如果只是固执己见，不肯做出丝毫让步，不仅谈判达不到目的，业务不能成交，而且还有可能失掉你的客户和合作伙伴，没有人喜欢与斤斤计较、一毛不拔的人打交道。

一个禅师走在漆黑的路上，因为路太黑，行人之间难免磕磕碰碰，禅师也被行人撞了好几下。他继续向前走，远远看见有人提着灯笼向他走过来，这时旁边有个路人说道："这个瞎子真奇怪，明明看不见，却每天晚上打着灯笼！"

禅师也觉得非常奇怪，他便上前问道："你真的是盲人吗？"

那个人说："是的。"

禅师问道："既然这样，你为什么还要打灯笼呢？"

盲人说："听别人说，每到晚上，人们都变成了和我一样的盲人，因为夜晚没有灯光，所以我在晚上就打着灯笼出来。"

禅师非常震撼地感叹道："原来你所做的一切都是为了别人！"

盲人沉思了一会儿，回答说："不是，为的是自己！你刚才过来有没有被别人撞过？"

禅师说："有呀。"

盲人说："我从来没有被人碰到过。因为灯笼既为别人照了亮，他们也不会因为看不见而撞到了我。"

与人方便，自己方便，利益是互惠的。只有善待他人，才能得到善待。互惠定律告诉我们，人们对别人给予的好处，总想进行同等的回报。但是，互惠定律也不是绝对的。如果你对别人适度的好，可能得到别人相应的回报；但是你对别人过度的好，付出过多的人情，却可能使别人不能给你同等回报而感到有压力。这叫作"交往适度定律"。

人际指南

与人交往，不要过分对别人好，人情投资不可过度，要留有余地，要适当保持距离。爱得太多，会给对方压力。

第 **60** 讲　花点时间与朋友联系

尽管当今社会流行一句话"认钱不认人"，但是"人情生意"从未间断过。因为人是有情之灵物，人人都难逃脱一个"情"字。

交友本来就应该"闲时多烧香"才对。有时在很危急的关头朋友能帮上大忙，能起到排忧解难的作用。缺乏了必要的联系，时间一长，再牢靠的关系也会变得松懈，再好的朋友也会变得互相淡漠，到时候再去求人办事做生意，就会不知不觉地平添了一层隔膜。

朋友关系的维系来自于自己的努力。在与朋友分开之后并没有经常联系，那关系之好无从谈起。你可以花一点时间和你的朋友保持联系，比如一起聚餐，聊一些共同的话题，或者分担和分享一些东西；也可以打上一个电话，在不打扰朋友的情况下，以聊天保持沟通，如此坚持下去，你会发现和朋友之间的关系变得更好了。

只要你有这份心、这份情，能够真诚地维持朋友关系，那你的人际面会更加广泛，路子也会比别人多出几条。感情来自交流，平时多加强联系是加深朋友间感情的一种方法。

某业务员曾有一个客户，只能在每年八月中旬到九月底的时间里见到，因为那是客户的公司准备财务报告的时期。"除此以外，我和他没有任何其他的联系。"

有一天这个业务员忽然心血来潮，邀请那位客户一起吃午饭。他回忆说："我们一点也不谈生意上的事情，这一点，我有言在先。我发现，我们两个人都喜欢某位作家。之前，我发现了一位新作家，他的作品和我们喜欢的作家风格相近，在我家里有这位新作家的书，我想把它们送给那位客户以示友好。我把书带到办公室，包装好了以后寄给了他。"后来，他们两个又经常在一起谈论这个作家以及其他的一些话题。令这个业务员没想到的是，他从这个客户这里竟然又接到了更多生意。尽管那次午餐纯属业务员无意中想到的，却为他的业务带来了大量的契机。

过去在信息网络不发达的年代，人们最多的联系方式就是写信。写信用上一个小时，然后再寄出去。大概经过一周时间，对方才会收到。对于信息网络越来越发达的今天，随着短信、电子邮件、微博的出现，使得人与人之间的沟通变得简便很多。

如此高效快捷的通信方式，你还等什么，千万别再拿没有时间跟朋友联系当借口了，从现在开始赶快行动吧！网络让我们沟通无限。

人际指南

交友是一种感情的交流，也是生活的一部分，因为交友可以让原本狭窄的生活圈子被拓宽。

第61讲　巧打圆场得好人际

无论做什么事情都有诀窍，打圆场也有打圆场的学问。归纳起来，主要有以下几点：

1. 揭示矛盾的症结所在，引导双方自省

当双方为某事争论不休，各说一套、互不相让时，作为矛盾的调解人，无论对哪一方进行褒贬过分地表态，都犹如火上浇油，甚至会引火烧身，不利于争端的平息。因此，此时你只能比较客观地将矛盾的真相说清楚，而不加任何评论，让双方从事实中反省自己的缺点或错误，使矛盾得到解决，达到消除误会、实现团结的目的。

2. 学会巧妙地转移话题和分散别人的注意力

说错了话或者做错了什么事，除了迅速承认错误之外，还要学会巧妙地转移话题，把别人的注意力吸引到其他方面。比如用幽默或玩笑的方式转移目标，把关于人的事扯到某种物上面，把令人紧张的话题变成轻松的玩笑等。

3. 调虎离山，暂熄战火

如果任由一些无原则的争论发展下去，它就会变成争吵，甚至大动干戈。如果双方火气正旺，大有剑拔弩张、一触即发之势，第三者即可当机立断，借口有什么急事（如有人找或有急电）把其中一人支开，让他与另一个人暂时脱离接触。等过一段时间他们消了火气，头脑冷静下来了，争端也就趋于平静了。

4. 借虚荣心，恭维圆场

古往今来，人们都爱听好话，因此在遇到有人十分懊恼或不快时，只要旁人说几句得体的美言，便能让他心情愉悦了。

南朝宋文帝在天泉池钓鱼，垂钓半天也没有任何收获，心中不免失望。随行的王景见状便说："这实在是因为钓鱼之人太清廉了，所以钓不着贪图诱饵的鱼。"一句话说得宋文帝心情畅快，拿起鱼竿高高兴兴地回宫了。

5. 给对方的不当行为找个理由

小威是一名刚出道的理发师，理发技艺不是很纯熟，在最初的几天里，顾客对他的表现都提出了不满的意见，这让老板很尴尬，一来怕影响自己小店的生意，二来怕小威失去了信心。每次顾客抱怨时，老板总是巧妙地为小威打圆场，使得本来怨气十足的顾客满意而去。老板是怎么做的呢？

第一位顾客，小威剪得小心翼翼，完毕之后，顾客说："剪得太长了。"小威不知如何应付。老板说："要的就是这种效果，这叫藏而不露，让您显得更含蓄。"顾客满意而去。

第二位顾客，小威吸取上次的教训，剪得很短，顾客抱怨："剪得太短了！"小威难堪地站在一边。老板说："头发短些，让您看起来更精神、更有活力！"顾客一笑，走了。

第三位顾客，小威花了很多心思，这位顾客抱怨："剪个头发要这么长时间，一看就是不熟练。"小威红了脸，老板说："为'首脑'多花点时间很有必要，我们对于尊贵的客人都是如此！"顾客得意而去。

第四位顾客，小威快速搞定，顾客嫌时间太短，觉得小威在应付他，小威手足无措，老板说："时间就是金钱，'顶上工夫'速战速决，为您赢得了时间，何乐不为呢？"顾客欢笑告辞。

小威的四次尴尬，都被老板的巧言妙语轻松化解，这让小威对老板充满了感激，对老板十分忠心。

6. 善意地曲解，化干戈为玉帛

在交际活动中，交际的双方或第三者由于彼此言语之间造成误会，常常会说出一些让别人感到惊讶的话语，做出一些怪异的行为与举止，从而导致尴尬和难堪场面的出现。为了缓解这种局面，我们可以采用故意"误会"的办法，装作不明白或故意不理睬他们言语行为的真实含义，而从善意的角度来做出有利于化解尴尬局面的解释，即对该事件加以善意的曲解，将局面朝有利缓解的方向引导转化。

戈尔巴乔夫偕夫人赖莎访问美国时，在赴白宫出席里根送别宴会途中，在闹市突然下车和行人握手问好。苏联保安人员急忙冲下车，围上前去，喝令站在戈尔巴乔夫身边的美国人把手从口袋里抽出来。行人一时不知所措。这时，戈尔巴乔夫身后的赖莎十分机智，她立即出来打圆场，向周围的美国人解释说，保安人员的意思是要人们把手伸出来，跟他丈夫握手。顿时，气氛变热烈了，人们亲切地同戈尔巴乔夫握手致意。这里，赖莎机巧应变、妙打圆场缓解了当时尴尬的场面。

人际指南

生活中很多成熟老到的人，在别人遇到难堪的节骨眼上，从来不会冷漠以对，而是机智地为其化解。

第 62 讲 给真实加点谎言的佐料

在积累人际关系资源的过程中，说假话一般是不可取的。但宣布自己从来不说假话的人，本身就在说假话。当获悉朋友遭难，得悉亲戚病重，我们就会时常说一些与实际不完全相符的假话。从这个意义上说，世界上没有不说假话的人。

很多时候，实话是不能实说的，说了就要惹人不快，就会让人产生反感，因此，在一些非常时刻还是说一些善意的谎言吧！

一些商品的广告词中从来不会有"本品有……缺点"之类的话。世间万物本来就不是完美的，你又何必像那位老实人一样把自己完全地暴露在别人面前呢？

上帝在要求人们学会诚实的时候，也教会了人们撒谎，有些谎言有时比说真话更有效。上帝在对我们进行判断的时候，决不只看我们在怎样说或怎样做，而是在乎我们为什么这样说和这样做。所以我们也可以根据时间、地点、对象的不同，适时地选择一些善意的谎言。

1. 能产生良好交际效果的谎言

装糊涂的言辞有时能避免或解除尴尬，在同一场合，说大实话反倒会带来相反的效果。

2. 出于礼仪需要的谎言

美国前总统吉米·卡特的母亲莉莲·卡特经常受到记者的打扰。一天，莉莲正在家里做家务。突然，她听见门铃响了，进来的是一位记者。"见到您，非常高兴。"莉莲说。记者向她问好后，马上切入了正题："您的儿子到全国各地去演讲，并告诉人们，如果他曾经撒过谎，就不要选他。您能不能如实地告诉我，您的儿子是不是从未撒过谎？我想您最了解您的儿子了。""说过，但那都是善意的谎言。"莉莲不慌不忙地说。"什么是善意的谎言？能举个例子吗？"记者又问。"比如说，您刚才进门的时候，我说'见到您，非常高兴'。"莉莲答道。记者听后，马上起身告辞。

3. 拉近与对方距离的谎言

比如，有朋友有了高兴的事了，比如买了件好看的衣服或者是交了新朋友了，这时候，就需要你以善意的谎言增加他的谈兴。

4. 能给人善意引导的谎言

这类"谎言"最典型的代表就是医生对病人，他们那些安抚性的话。

善意的谎言是无碍于诚信的，看过一篇电视报道，说的是一个老妈妈得了肾病，如果不换肾的话生命就会受到威胁。这时大儿子站了出来要求给妈妈捐肾，这可心疼坏了老妈妈，老妈妈强烈反对，说要是这样自己还不如死了算了。没办法只能等待各种条件都比较匹配的肾源，可是要等到这样的肾源真是很不容易，儿子怕耽误了母亲的病情，于是和家人商量后，骗过了母亲。把自己的一个肾脏捐给了母亲，手术成功后家人还是瞒着这位老妈妈的，最让人感动的是母亲和儿子分别住在两间相邻的病房，当妈妈想见大儿子时，家人只得骗她说儿子去出差了。

在日常的交际过程中，给真实加点谎言的"佐料"，往往能够迅速地拉近彼此的距离，让你们之间的交往变得更加亲切。

人际指南

说谎要说得恰到好处，才能够获得别人的好感，否则，弄巧成拙不说，还会给人留下虚伪做作的印象。

第六章

如何拒绝才不伤朋友

——朋友交往拒绝术

第63讲　拒绝态度一定要明朗

很多人在想要拒绝对方的时候，会产生一种"不好意思"的心理。这种心理阻碍了人们把拒绝的话说出口。由于这种矛盾的心情，态度上就不那么热心，说话吞吞吐吐，欲言又止、欲藏又露。在这种心理的制约下，最终往往是依照对方的意图行事。

小刘这个人平时很爱面子，朋友找他办事他总是义不容辞地应承下来，即使有些事他办不到，他还是要说"让我试一试"、"我再想想办法"之类的话。

有一次，他的朋友小王求他帮忙联系一家装修公司，好为自己的新房子装修一番。小刘原本对这方面行情了解得很少，再加上最近工作比较忙，因而打算拒绝这位朋友。可是他怕这样做会给对方留下一个不好的印象，于是在说明自己的难处之后补充了一句："我先试一试吧！"小王以为小刘真的能够做到这件事，于是就很高兴地离开了。

过了几天，小王打来电话问事情办得怎么样了，这时小刘大吃一惊，他没想到一句推托的话竟然被人当了真，于是叫苦不迭。可是为了面子，他不得不说："我打听了两家，水平都很一般，今天我再联系一家，明天给你消息。"然后他就四处找人咨询装修的事，耽误了一整天的工作时间才把这件事解决掉。

由此可见，拒绝朋友时态度一定要明朗，不要给对方以错觉，否则必然会给你带来麻烦。当然，态度明朗并不意味着绝对严肃，说话的语气一定要柔和，这样才不会伤害对方。

一些人在相亲的时候，认为自己拒绝态度很坚定了，实则不然。有一位女士曾这样叙述道："第一次约我，我说没空。第二次约我，我说有事。第三次约我，我直接拒绝。第四次约我，我都已经很明确地说我在相亲了。他'老人家'竟然还有第五次。我知道，为防女孩子矜持，男人就该主动多追求几次，可我都已经说得那么明显了，他这是哪里来的自信呢？打这以后，我就怕了，完全不敢再相亲，被一个纠缠已经够了。"

事实上，这位女士可以说她在相亲，为何就不敢直接说"我对你没感觉"呢。这位女士模糊不清的拒绝，就给了男人暧昧的朦胧感，以为这位女士拒绝他是在享受被追求的快感。所以，他不纠缠这位女士纠缠谁？有些话直接说，比委婉拒绝要好。

在服装店，你在挑选一件衬衣，样式和做工都令人满意，但在价钱上你却觉得不够理想，但看到售货员的热情服务，使你不好意思不买它。售货员就是利用你的这种心理，越是看到你在犹豫，就服务得越热情越周到，帮你量好尺寸、试大小，甚至动手包装好，放进你的购物袋里，造成既成事实。

因此，我们需要做的就是礼貌，但要坚决。很多人容易犯的就是这个原因，他们虽然拒绝了别人但是他们的拒绝听上去有些动摇，如果你这样回应别人的话，会有更强的人来向你施压，直到你点头答应为止，这是因为他们觉得事情还有商量的余地。因此如果你要拒绝的话，你就得让别人清楚地知道你不会再改变主意了。

人际指南

拒绝别人时，别表现的粗鲁，一句简单的"不，我现在实在无能为力"就够了。

第 64 讲　降低对方对你的期望

大凡来求你办事的人，都是相信你能解决这个问题，抱有很高的期望值。一般来说，对你抱有期望越高，越是难以拒绝。

很多老师都碰到过让学生起来回答问题学生却沉默以对的情况，大多数老师在排除了不专心听讲之后，会认为自己的问题存在难度或指向性不明确，于是一再为这个学生降低难度，事实上结局仍然可能是这个学生的沉默和其他学生的不耐烦。霍特先生认为这类学生根本不在思考问题，"把自己伪装得不才、无能，不但可以降低别人对你的期望和要求；也能降低你对自我的期望和要求，如果你准备失败，那么你一定不会失望。有一句俗话说：'如果你睡在地板上，你一定没有机会从床上摔下来。'"

适当地讲一讲自己的短处，就降低了对方的期望，在此基础上，抓住适当的机会多讲别人的长处，就能把对方的求助目标自然地转移过去。这样不仅可以达到拒绝的目的，而且使被拒绝者因得到一个更好的归宿而没有遗憾。

另外，拒绝别人，要越早越好。因为及早拒绝，可让对方抓住时机争取其他出路。无目的地拖拉，对他人是不够负责的。至于地点，拒绝时一般将对方请到自己办公室比较好。

如果你觉得将有人有求于你，你可以在别人向你请求之前告诉他们你很忙。如果你与那人碰面，你可以说"话说在前头，我得让你知道我的日程表里这一个月里都排得满满的，所以我们别谈关于 30 天内的什么新计划"。这相当于对那个将有求于你的人做了一次警告，因此事后他们也无法怪罪你拒绝他们的请求。

人际指南

在拒绝要求时，倘若多讲自己的长处，或过分夸耀自己，就会在无意中抬高了对方的期望，增大了拒绝的难度。

第65讲　先肯定，后否定

拒绝别人，又不得罪人，有时候甚至是一种奢求。不善于拒绝的人，一次拒绝就有可能得罪了多年的深交，而善于周旋的人，即使天天都在拒绝，却始终能广结人缘，游刃有余。拒绝的语言是有讲究的，一句话可以说得人笑，也可以说得人跳，这就需要掌握语言的分寸。

拒绝他人不必那么生硬，我们可以先肯定，后否定；说明原因，得到谅解。很多时候直言拒绝对方的请求可能会令对方难堪，但如果表示对对方所谈话题不感兴趣可能会免去不必要的麻烦。例如，当某人请你帮他介绍一位你很熟识的企业家认识（有功利性企图时），你可以说："我与他纯粹是私交，不涉及他的事业。"当有人向你诉说股市风云如何看好，企图向你借钱时，你可以说："我的兴趣不是在股市，也不太懂。"这样既能使对方明白你拒绝他的意思，又可以不用直言拒绝。

当对方提出了一个要求或看法而你不能同意的时候，你可以先找出其中合理的部分予以肯定，然后委婉地表示你不能确定其他的部分。

对领导或主管交办的工作，出于责任心需要反对或拒绝，这时，既要坚持主见又要维护领导的体面，该选择什么样的拒绝方式呢？可以选择领导或主管意见中某一方面被你认同的地方加以肯定，尔后提出相反意见，即先通过恭维打消领导或主管意见被拒绝的不悦，让其不失体面："总的来说，您的看法有一定的道理。"以这样的开场答复对方，对方会更加容易接受你的意见。之后提出自己的观点，通过举例说明，让领导意识到你的观点比他的观点更切实可行。不要因为看到领导或主管脸色不好而附和领导或主管。这样非但解决不了问题，还暴露出自己胆怯无主见的平庸一面。

心理学研究表明：当一个人听别人说"是"的时候，他的机体就呈现开放状态,使他在轻松的心理感受中继续接受信息。尽管最终是转折了,但这样柔和地叙述反对意见,对方较易接受。

第66讲 幽默拒绝的技巧

所谓幽默拒绝法，是指无法满足对方提出的不合理要求，在轻松诙谐的话语中设一个否定意思或讲述一个精彩的故事让对方听出弦外之音，既避免了对方的难堪，又转移了对方被拒绝的不快。

意大利音乐家罗西尼生于1792年2月29日。因为每四年才有一个闰年，所以等他过第十八个生日时，他已经七十二岁了。在他过生日的前一天，一些朋友告诉他，他们集了两万法郎，准备为他立一座纪念碑。罗西尼听完后说："浪费钱财！给我这笔钱，我自己站在那里好了！"罗西尼本不同意朋友们的做法，但又不好直接拒绝，于是提出了一个不切实际的想法，既含蓄地拒绝了朋友们的要求，又不会伤害朋友的好意。

在人际交往中，我们经常会遇到一些意想不到的事情，或是自己失言失态，或是对方的反应不如我们事先预料得好，或是周围的环境出现了我们没有考虑到的因素等。总之，这些猝不及防的情境往往会令我们狼狈不堪。这个时候，最有效的解决方法，就是用幽默来摆脱尴尬。

一位诗人与一位将军同时出席宴会，女主人一味地向别人炫耀自己："我这位诗人朋友马上要为我作一首诗来当场赞美我。"诗人感到很尴尬，但又不好直接拒绝，只好说："还是请将军先做一门大炮吧！"一句幽默，化解了自己的尴尬，高明至极！[1]

有一次马克·吐温在邻居的图书室里浏览书籍时，发现有一本书深深吸引他。他问邻居可否借阅。"欢迎你随时来读，只要你在这里看。"邻居说，并解释道，"你知道，我有个规矩，我的书不能离开这栋房子。"几个星期以后，这位邻居到马克·吐温家，向他借用锄草机。"当然可以，"马克·吐温说，"但是依我的规矩，你得在这栋房子里用它。"

芬兰一位建筑师说话很慢，当记者访问他时，一直担心时间不够。万般无奈只好说："沙先生，时间不多了，能否请您说快点？"沙先生一听后，慢慢掏出烟斗，点上，要多慢有多慢，懒懒地说："不行，先生，不过，我可以少说点。"

因为张大千留有一把长胡子，在一次吃饭时，一位朋友以他的长胡子为由，连连不断地开玩笑，甚至调侃他。可是，张大千却不烦恼，不慌不忙地说："我也奉献诸位一个有关胡子的故事。刘备在关羽、张飞两弟亡故后，特意兴师伐吴为弟报仇。关羽之子关兴与张飞之子张苞复仇心切，争做先锋。为公平起见，刘备说：'你们分别讲述父亲的战功，谁讲得多，谁就当先锋。'张苞抢先发话：'先父喝断长板桥，夜战马超，智取瓦口，度释严颜。'关兴口吃，但也不甘落后，说：'先父须长数尺，先帝当面称为美髯公，所以先锋一职理当归我。'这时，关公立于云端，听完禁不住大骂道：'不肖子，为父当年斩颜良，诛文丑，过五关，斩六将，单刀赴会，这些光荣的战绩都不讲，光讲你老子的一口胡子又有何用？'"听完张大千讲的这个故事，众人哑口，从此再也不扯胡子的事了。[2]

用幽默化解困境，回答难题，维护自己的利益，捍卫自己的尊严，而又不伤对方的感情，达到良好的效果，这是别的手段难以媲美的。

一个省议员有一次参加会议，主席台上某议员在做一场很漫长的演讲，他觉得对方占用的时间太长，就走到对方跟前低声说："先生，请你

1　成钢.金口玉言：话原来可以说得更金贵.万卷出版公司，2007（11）

2　名人"拒绝"也幽默.中国学考频道，2010（2）

能不能快点……"话未说完，那个正在演讲的议员回过头来，用严厉的口气低声呵斥他："你最好出去。"然后继续其演讲。这个省议员觉得受到了侮辱，顿时怒气冲天。他迫不及待地想报复，但一时又找不到什么方法。于是，他就去当时任麻省省议员的主席柯立芝那里申诉："柯立芝先生，你听见某某刚刚对我说的话了吗？""听见了，"柯立芝不动声色地答道，"但是，我已经看过了有关的法律条文，你不必出去。"

这种回答实在是太聪明了。柯立芝把那位议员的愤怒当成了玩笑。他不让自己卷入这种儿童式争吵的漩涡中去，就是因为他能看出这种无聊争吵的幽默之处。机智的人不仅善于以局外者的身份化解他人的争吵，而且更善于化解自己在与人交往发生矛盾时出现的僵局。

人际指南

用幽默，我们可以回答自己不愿听的问题。

第 67 讲 拒绝后，要补偿安慰

如果你不想因为拒绝而引起对方的不快，但是又不得不拒绝，你必须想办法对对方进行补偿和安慰。不论你的拒绝策略有多么巧妙，都终究掩盖不了拒绝了对方这样一个基本的事实。在某种程度上，对方也可能会因为被拒绝而产生消极的情绪。这时候，你必须想办法进行补偿和安慰。

当不能满足对方提出的要求或请求，我们可以提供另一个可能性的选择来代替直接拒绝，使被拒绝者更容易接受，从而达到保全双方面子的目的。

例如，A：你好，可不可以用一下你的钢笔？B：油笔行吗？

如果一位同事想把他的任务交给你去做，也许你会本能地回答："你的事我可不在行。"这不是很好的拒绝方法。为了不伤和气,你试着这样对他说:"我很愿意帮您的忙,不凑巧得很,我自己的那份工作还没干完。其实以你的能力和素质是完全可以做好那件事的,您不妨先干起来,也许我能帮你干点别的什么。"如此既有拒绝,又有相反的建议,建议他先干起来,对方还能有什么话说呢?

提出你可以满足对方某一个对你来说无关紧要的要求,或者对你的拒绝表示遗憾。这样,对方的心情可能会好一点儿。充分地表达你的谈判诚意,这一点对你来说很重要。

有这么一个例子,有一个时期,市场上钢材特别紧张。有个专门经营成批钢材的公司生意非常兴隆。一天,公司经理的好朋友来找他,说急需一吨钢材,而且希望价格特别优惠,要求比市场上的批发价还低百分之十。公司经理碍于过去的亲密友谊,实在无法毫不留情地加以拒绝,所以就巧妙地用补偿法来对付这位朋友。他对朋友说,本公司经营钢材是以千吨为单位的,无法拆开一吨来给他。不过,总不能让老朋友白跑一趟。所以他提议这位朋友去找一个专门经营小额钢材的公司。这家小公司和他们有业务往来。他可以给这家小公司打招呼,以最优惠的价格(毫无疑问,这一"最优惠"的含义是模糊语言。因为再优惠,也不会比市场批发价低百分之十)卖给他一吨。这位朋友虽然遭到了拒绝,但因为得到了"补偿"。所以拿着他写的条子,高高兴兴地去找那小公司,最后以批发价买了一吨钢材。

人际指南

拒绝的同时,如果能提供其他的方法,帮他想出另外一条出路,实际上还是帮了他的忙。

第七章

巧言沟通，把话说到心坎上

——人际交往口才术

第68讲　善于说话才会受欢迎

美国人类行为科学研究者汤姆士指出："说话的能力是成名的捷径。它能使人显赫，鹤立鸡群。能言善辩的人，往往使人尊敬，受人爱戴，得人拥护。它使一个人的才学充分拓展，熠熠生辉，事半功倍，业绩卓著。"他甚至断言："发生在成功人物身上的奇迹，一半是由口才创造的。"

说话最重要的一点是要因时、因人、因地而异。射箭要看靶子，弹琴要看听众，说话一样要看对象，也就是我们常说的"到什么山上唱什么歌"。这句话听起来似乎让人反感，因为这似乎是在教人两面三刀，然而，在人际交往中，这却是与他们建立良好关系的最有用的说话方法。

一个人要善于说话才会受欢迎，要能够根据不同的情况、不同的地点、不同的人物来和人沟通。

一对新人在一家大饭店举行婚礼，正赶上大雨下个不停，新人和客人们觉得很懊丧，婚礼气氛有点不愉快。这时餐厅经理来到新人和诸位客人面前，微笑着高声说："老天爷作美，好雨兆半年，这象征着这对新人的未来是十分幸福的。雨过天晴是艳阳天，这说明今天在座的所有客人都将迎来更加灿烂的明天。"话音一落，整个餐厅的气氛发生了180度的大转弯。

要有点"变色龙"的本领。生活中，人是各种各样的。他们的心理特点、脾气秉性、语言习惯也各不相同，这些因素决定了他们对语言信息的要求是不同的。所以，不能用统一的、通用的、标准的说话方式来交流。见什么人说什么话，因人而异是非常必要的，否则无异于"对牛弹琴"。

置身于一个环境中，必先搞清人和人的关系，搞清身边每个人的所好所忌，搞清人们喜欢听什么厌恶听什么，人们高兴听什么就说什么，讨嫌的话绝对不说。

就不同的人物来说：和聪明的人说话，要见识广博；与愚笨的人说话，可以锋芒毕露；和见闻广博的人说话，要有辨析能力；与有钱的人说话，言语要豪爽；与穷人说话，要动之以情；与地位低下的人说话，要有礼；与地位高的人说话，态度要轩昂；与好斗的人说话，要态度谦逊；与勇敢的人说话，不能稍显怯懦；与领导说话，须用奇特的事打动他；与下属说话，要用切身利益说服他。

因人而异地说话不仅表现了你的素质修养，更能让对方在与你的谈话中得到尊重与信任。

人际指南

如果你能在谈话前暂停片刻，觉察你的谈话对象，因人而异的说话方式会让你大受欢迎。

第69讲 说话的魅力在于真诚

社会心理学认为，语言交往有保健作用，可以消除人们的悲伤感、空虚感、孤独感、抑郁感。但不管怎样交谈，如果缺少"真诚"二字，就会变得索然无味，无法进行。人与人之间存在"互酬互动效应"，也就是你如果真诚对别人，别人也以同样的方式给予回报。

说话的魅力并不在于你说得多么流畅，滔滔不绝，而在于是否善于表达真诚！最能推销产品的人并不一定是口若悬河的人，而是善于表达真诚的人。当你用得体的话语表达出真诚时，你就赢得了对方的信任，建立起人与人之间的信赖关系，对方也就可能由信赖你这个人而喜欢你说的话，进而喜欢你的产品了。

1952年，艾森豪威尔竞选美国总统，年轻的参议员尼克松则是他的副总统搭档。正当尼克松为竞选四处奔波时，《纽约时报》突然报道尼克松在竞选中秘密收贿的丑闻。消息一经散布，对共和党的选情带来极为不利的影响。

为了摆脱困境，共和党花了 7.5 万美元让尼克松通过媒体，对全国选民做半个小时的公开声明。当他走进全国广播公司的录音室之前，助选的高级顾问就告诉他，要他在广播结束后提出辞呈。于是，尼克松只好采取一个在政治史上少见的行动：他把自己的财务状况全部公之于民。他详细地说明自己的经济状况，连怎样花掉每一分钱都如实地告诉大众，而这几乎像每天都发生在大家身边的事，一切听来都是那么熟悉与真切可信。

最后他满怀深情地说："我还应该说一说——就是帕特没有貂皮大衣。但她却有一件体面的共和党人的料子大衣，而我常常对她说，她无论穿上什么，都是好看的。"

"还有一件事情，或者也应该告诉你们，因为如果我不说出来，他们也要说我一些闲话。在提名之后，我们确实拿到一件礼物。得克萨斯州有一个人在无线电中听到帕特提到我们两个孩子很想要一只小狗，不管你们信不信，就在我们这次出发做竞选旅行的前一天，从巴尔的摩市的联邦车站送来一个通知说，他们那儿有一件包裹给我们。我们就前去领取。你们知道是什么东西吗？"

"这是一只西班牙长耳小狗，用柳条篓装着，是他们从得克萨斯州一直运来的——带有黑、白两色斑点。我们六岁的小女儿特丽西娅给它起名叫'切克尔斯'。你们知道，这些小孩，像所有的小孩一样，喜爱那只小狗。现在我只要说这一点，不管他们说些什么，我们就是要把它留下来。"

公开谈话结束后，尼克松在更衣室里。他转身避开了他的朋友，哇的一声哭起来，他认为"这是一次大失败"。尼克松自己都没有料到，他的演讲竟获得如此大的反响。当他走出录音室时，到处是欢呼声，以后数天还有数百万人通过打电话、电报或寄信来赞扬他。而在事实澄清之后，尼克松最终赢得了大批的选票。

后来，人们评论尼克松这次演讲成功的关键，就在于他的演说具有两大特点：一是真诚，二是纯朴。

人际指南

说话不是敲击锣鼓，而是敲击人的"心铃"，而敲击人"心铃"的最好方法就是真诚的态度。

第70讲　让对方用心地听你讲

人类是好奇心强烈的可爱动物，只要看与平常稍微不同的事物，便会围上去探个究竟。最明显的例子就是，在夜市中，只要有一群人围在一起，你一定也会凑上去看看别人在看什么。难怪有人说你要是在闹市区抬头持续看天空5分钟，周围便会有许多人慢慢聚拢过来也跟着抬头看，而且人人都想知道你在看什么。事实上，很可能你只是脖子酸而已。

好奇心人皆有之。通过制造悬念或者新奇的话题勾起对方的好奇心，一方面能够使对方放松心理戒备，另一方面可以吸引对方的注意力，让对方用心地听你讲，这些无疑是成功说服对方的前提。更重要的是，由于勾起了对方的兴趣，说服会变得更加容易。

贝尔是电话机的发明人。后来他又进行了一些新的电气实验，但他需要大量的投资，否则无法使他的实验进行下去。他觉得当务之急必须说服投资者，筹到款子。于是他拜访了大企业家许拜特先生。

许拜特先生是个脾气古怪的人，而且对电气事业又不感兴趣，所以对于这方面的投资采取排斥的态度。贝尔来到许拜特家，见许拜特不怎么热情，就环顾客厅，见显眼的位置上，摆着一架钢琴，便问道："阁下想必对钢琴很感兴趣。"许拜特一时摸不着头脑，就随意地"嗯"了一声。

141

贝尔坐下来先弹奏了一曲，然后把话头渐渐纳入自己设计的轨道："您看，随着我手指的弹动，钢琴便会发出各种声音。"

许拜特又是"嗯"了一声，不过神态和语气热情多了。"这是怎么回事？"他好奇地问。

于是贝尔详细地对他解释了和音或复音电信机的原理，接着又说："倘若能把您弹奏的乐曲传到远处，想必您一定乐意的。"

"嗯！"许拜特几乎有些激动了。

"您知道我曾经发明过电话机，通过电话，能传递信息，包括音乐。现在我的电话机向全世界推广了，这将会产生巨大的效益。接下来我将有另一项实验，假如成功，您投资的钱会有很大利润的。"这时贝尔才跟他算了一笔账。许拜特的态度彻底改变了，很高兴地答应承担贝尔新实验的一部分经费。[1]

人际指南

新颖的东西，必须要与我们的经验接近，才能够引起我们强烈的注意，才能够引起我们的好奇心。因此，有才干的店员、报纸的编辑、成功的演说家，都是运用秘诀，以达到目的。

第71讲　换位思考比争辩更有效

有位人际关系专家说："为了让自己成为受人欢迎的人，我们必须培养一种'换位思考'的能力，也就是抛开自己的立场，置身于对方立场进行思考的能力。"

球王贝利出生在巴西一个贫穷的家庭里，父亲是一个因伤退役的足

1　刘元.求人：人生最大的生存和竞争本领 [M]. 海潮出版社，2004.

球运动员。贝利小小年纪就显示出非凡的足球天赋，他常常踢着父亲为他用袜子、碎布和破报纸特制的"足球"练习。慢慢地，贝利有了点名气，结交的同龄球友多了，也沾染了一些坏习气，比如吸烟。

一次贝利在街上找人要烟抽，被他的父亲撞见了，父亲没有对他大发雷霆，而是告诉他，虽然这个年纪吸烟的孩子很多，也许抽烟会让人感觉到自己长大了，是个男子汉了，但是如果他想当一名优秀的足球运动员，就必须远离烟草。说完，父亲递给他几张皱巴巴的纸币，说："你如果真想抽烟，还是自己买的好，总跟人家要，太丢人了，你买烟要多少钱？"

贝利感到又羞又愧，眼睛涩涩的，可他抬起头来，看到父亲的脸上已是泪水纵横……后来，贝利再也没有抽过烟。他凭着自己的勤学苦练，终于成了一代球王。

在今天这个快节奏的社会里，许多人认为，为了说服别人同意和采纳其观点，只要两个简单的步骤就足够了：

第一个步骤，要使别人相信你提出的看法和方案是"正确的"。

第二个步骤，要向不同意你意见的人摆出一长串"事实"依据，并且不厌其烦地进行说教，竭尽全力支持自己的立场。

如果运用这种"封闭而僵化"的思想方法来指导人际关系，只能导致人们思想上的冲突，引起无休止的争论，使各方的态度更加僵硬，因为每个人的头脑里都认为自己的看法才是正确的。这是由于每个人都从各自的视角来观察问题，自然总是觉得自己才是正确的，于是留给别人的便只剩下两种选择——屈服于你，或者以同样的方式回敬你——自然永远不可能"双赢"。

汽车大王亨利·福特说："如果有所谓成功的秘诀，那就是要能了解别人的立场。我们除了站在自己立场考虑之外，也必须站在别人的处境思考问题。"

人际指南

在你想要说服别人、让别人按照你的意思采取行动之前，你应该先反问自己：如何做才能引起对方按照我们意思去做的动机。

第72讲　提问，也要讲究方式

1.限制型提问

最让人们津津乐道的限制型提问的例子是：某家小店的顾客中有人喜欢在咖啡中加鸡蛋，因此，服务员总是需要问："加不加鸡蛋？"专家建议侍者把问话改动一下，变为："加一个鸡蛋还是两个？"很快就极大地提高了鸡蛋的销售，使商店收入大幅增加。两个问句虽然都是选择问句，给客户留下自由选择余地，但作用却不一样。后一个选择问句跨过了要不要鸡蛋这个大前提，将具体的问题直接进入加几个鸡蛋。这样，就把选择余地放在对卖方有利的范围，无论客户如何选择，有利面都比原来大得多。

2.选择型提问

选择型提问方式多用于朋友之间，同时，也表明提问者并不在乎对方的选择。如，朋友到你家做客，但不知他的口味，于是问："今天咱们吃什么？鲫鱼还是带鱼？"

3.婉转型提问

这种提问形式可能是因为有了某种忌讳，或者是表示尊敬对方，抑或担心遭到对方的拒绝作答而出现尴尬场面，因此，不得不绕圈子用另一种方式来问话。例如。一个小伙子爱上了一个姑娘，但他并不知道姑娘是否爱他，此话又不能直说，于是他试探性地问："我可以陪你走走吗？"

如果女方不愿交往，她的拒绝也不会使双方难堪。

4. 协商性提问

如果你对别人有什么要求，希望他按照你的意思去办事，那你最好用商量的口吻向对方提出，这样显得尊重对方，并在对方心理上产生一种友善的感觉，他会对你的提问认真考虑。

人际指南

俗话说："人上一百，形形色色。"谈话过程中，只有根据不同对象选择恰当的表达方式，才能使言谈得体，获得成功。

第73讲　说话，讲究委婉含蓄

含蓄，是一种巧妙和艺术的表达方式。在生活中，当我们很想表达一种内心的强烈愿望，但又觉得难以启齿时，不妨借助于"含蓄"。含蓄是一种情趣，一种修养，一种韵味。缺少情趣，缺乏修养，没有味道的人，难有含蓄。

一位顾客坐在一家高级餐馆的桌旁，把餐巾系在脖子上。餐馆经理很反感，叫来一个女服务员："你去告诉那位绅士，在我们的餐馆里，那样做是不允许的，但话要说得尽量委婉些。"女服务员来到那位顾客的桌旁，很有礼貌地问："先生，你是刮胡子，还是理发？"话音一落，顾客立即意识到自己的失礼，赶快取下了餐巾。

再如北京市某路电车优秀售票员王桂荣，也非常懂得委婉用语的奥妙。有一次，一个男性乘客要下车，于是她请对方出示月票。结果那男子顿时慌张起来，看到这种情形，其他乘客有的指责，有的嘲笑，而王桂荣此时却温和地问道："您是不是把月票忘在家里了？"听她这么一说，那男子顿时如释重负，立刻说:"对，对，我补票。"她给那男子补了票，又语重心长地说:"您下次可得注意啊!"那男子连连回答:"一定注意!一定注意!"语音里充满了感激与内疚之情。

在交际中，如果不是为了某种特殊需要，一般应尽量避免触及对方所避讳的敏感区，避免使对方当众出丑。必要时可委婉地暗示对方你已知道他的错处或隐私，使他产生一种压力。但不可过分，只需点到为止。

做人要拥有一颗宽容的心。"金无足赤，人无完人"，不要苛求别人的完美，宽容让你自己不断完美起来。当别人的某些缺点比较严重时，我们应该以私下谈心的方式委婉指出，急风暴雨不如和风细雨，当场训斥不如私下平心静气、施以爱心。

在待人处世中，直言直语是一把伤人伤己的双面利刃。喜欢直言直语的人通常都具有正义倾向的性格，言语的爆发力和杀伤力都很强，所以有时候这种人会被别人当枪使。

人际指南

在多数情况下，令对方丢面子、伤自尊，大多是由于自己言语不慎而造成的。特别是在磋商难度较大的分歧问题时，自己往往不够冷静，把"问题"与"人"混同起来考虑，进而出现对人的攻击与指责，从而伤害了对方的自尊。

第74讲 练习、练习、再练习

美国的戴尔·卡耐基在他的《雄辩有术》一书中就说:"发展演说的第一个方法，也是最末的方法，而且是永不会失败的方法，就是第一要练习，第二仍是要练习，第三还是要练习。"必须用习惯和反复练习来克服自己，使自己的脑子可以完全受自己的统治。

应该承认这个事实，一位初学演讲的人临场时的紧张、恐惧总要比那些久经讲台考验的演讲者厉害得多。这是什么道理呢？因为经验太少。我们平时总是评论某人比某人老练，那么什么叫"老练"呢？"老练"就是富有某种经验。怎么才能老练呢？顾名思义，就是练才会老练。

美国人"老练"到什么程度呢？从上幼儿园开始，每个小朋友就要到台上去和别人分享自己的观点、想法，或向别人展示和讲解自己的物品，还要像模像样地要求大家提问，别的小朋友也不会客气，五花八门的问题都会提出来。老师会予以鼓励赞扬，给小朋友以无比的勇气和自信。到了小学和初中，则都有演讲练习课。在高中阶段，演讲是美国学生的必修课。

就像表演家练习乐器或者歌曲一样，你需要去练习你的表达。如果你要去参加一个团体活动，就大声地演讲出来。这样不仅有利于你熟悉材料，还让你习惯于听到从自己嘴里说出来的语言表达。

要想临场控制住自己，就必须多登讲台，不断增强自己的心理承受能力。当萧伯纳被问及他是如何学得声势夺人地当众演说时，他答道："我是以自己学会溜冰的方法来做的——我固执地、一个劲儿地让自己出丑，直到我习以为常。"结果，他成了二十世纪上半叶最具信心、最出色的演说家之一。

在练习演讲的诸多方法中，最绝的一招莫过于"录像"。为每次的演讲录制一盘影像资料，然后，根据录像资料，进行多方面的学习提高。

再次，根据建议进行改进。

有这样一则故事，说的是吴道子从小喜爱画画，但一次、两次、三次……却总画不好，后来连自己也没信心了，认为自己不是画画的料。有一天，他没精打采地出外散心，在一个古庙里看到两个妇女在烙饼。年老的妇女擀完薄饼用擀面杖一挑，那饼就像长眼睛一样飞到殿西头，正好落在那年轻女子面前的鏊子上。吴道子很纳闷，于是走到老妇人身边问："您连看都没看，饼就丝毫不差地飞落到西头的鏊子上，这么难的事，您是怎么学会的呢？"老年妇女和气地告诉他："这没有什么诀窍，不过是天天烙，功夫练得久，熟能生巧罢了！"吴道子一下子明白了一个深奥的道理。从此以后，日日勤学苦练，终于成为誉满九州的大画家。

人际指南

　　单单进行一次练习，不管练习多长时间，都是不够的。至少要让自己提前几天练习，提前的时间越长越好，使自己对演讲和演讲的表达方式有绝对的把握。不管你有多么聪明，也不管你的准备提纲做得多么好，真正起作用的是演讲的时候效果如何。让自己有足够多的时间确保演讲成功。

第八章

幽默是人际交往的润滑剂
——幽默智慧

第75讲　沟通润滑剂

　　幽默可以帮助我们及早敲开对方的心门，与其结为朋友。一个懂得幽默并且能时时运用幽默的人总能得到更多的朋友，因为他给别人带去的总是欢声笑语，他将快乐分享给众人，而人们也总是愿意和快乐在一起。

　　幽默是人际交往的润滑剂，即使碰到不愉快的情形，一句幽默的语言也能使双方在笑声中相互谅解。著名作家冯骥才在美国访问时，一位美国朋友带着儿子到公寓去看他。他们交谈期间，那个壮如牛犊的孩子顽皮地爬上冯骥才的床，站在上面拼命地跳。如果直截了当地请他下来，势必会使其父产生歉意，也显得自己不够热情。于是，冯骥才便说了一句幽默的话："请你的儿子回到地球上来吧！"那位朋友说："好，我和他商量商量。"结果既达到了目的，又显得风趣，容易让人接受。

　　在日常生活中，幽默不只是生活中的点缀，那些成功人士都懂得如何在适当的时候添加幽默，从而使自己的形象变得和蔼可亲，而可亲的形象更容易得到别人的好感。

　　一位著名的心理学家曾经说过："幽默是一种最有趣、最具感染力，以及最具有普遍意义的传递艺术。"幽默，可以让来自五湖四海的人们都能感受到我们的热情，欢笑过后，原来紧张的气氛也会被一扫而光。气氛轻松了，人们也就愿意进行交流了，在交流中我们就能找到志同道合的朋友。

　　和陌生人一起完成某个艰苦或单调的工作时，要学会活跃气氛，既不让自己灰心丧气，也让别人心情变得好起来，不再唉声叹气。乐观和幽默不仅可以消除彼此心里的陌生感，更能营造一种积极向上的工作气氛，让辛苦的工作也变得轻松起来。那么，你在他的眼中也会变得可爱起来，无形中使他体会到你不着痕迹的关心。

　　做一个开心果可提高知名度，常逗人们发笑，准能赢得一致的欢迎。

但同样的做法，在你与同事讨论问题时，就切不可生搬硬套。过分幽默，往往变成嘲笑或刻薄。事实上，不少人喜欢假幽默，实则是"绵里藏针"。例如他不敢公开批评上司，唯有以另一种方式宣泄——冷嘲热讽。

幽默是人们互相沟通，化解矛盾，拓展人际关系的润滑剂。善用幽默可以减少交往中发生的摩擦，使人际关系更加和谐。

人际指南

　　一个人想要幽默并不一定非要天生具有幽默细胞。只要在日常生活中多观察、多体验，就能学会如何让自己更具幽默感。起初，可以记住一些笑话，以备在需要的时候拿出来和大家分享。

第76讲　自嘲是幽默的真正标志

人际交往中，在人前蒙羞、处境尴尬时，用自嘲来对付窘境，不仅能很容易找到台阶，而且多会产生幽默的效果。所以自我解嘲，自己把自己胳肢几下，让自己先笑起来，是很高明的一种脱身手段。

自我解嘲是好莱坞的一大传统。出身好莱坞的美国前总统里根也常常采用同样方法。自我解嘲有时很奏效，笑声会驱散人们认为里根好斗并起劲地干蠢事的印象。把昂贵的战争机器拿来开玩笑，能抵消人们对庞大的国防预算的批评。里根说："我一直听到有关订购B-1这种产品的种种宣传。我怎么会知道它是一种飞机型号呢？我原以为这是一种部队所需的维生素而已。"

我国幽默大师林语堂说过：智慧的价值，就是教人笑自己。在现实生活中，你拿自己的错误开开玩笑，使人开怀大笑，便已铺下了友谊之路。具有幽默色彩的欢笑是你与别人进行内心沟通的捷径。

传说古代有个石学士，一次骑驴不慎摔在地上。一般人一定会不知所措，可这位石学士不慌不忙地站起来说："亏我是石学士，要是瓦的，还不摔成碎片？"一句妙语，说得在场的人哈哈大笑，自然这石学士也在笑声中免去了难堪。以此类推，一位胖子摔倒了，可说："如果不是这一身肉托着，还不把骨头摔折了？"换成瘦子，又可说："要不是重量轻，这一摔就成了肉饼了！"

自嘲是幽默的真正标志，著名作家王小波也不例外。他曾这样说："我们每个人的一生中，都会有那么一两次头头们想提拔我们，后来一看烂泥扶不上墙，就把咱们放下了。"自嘲的语言艺术中一个重要技巧是运用大幅度的夸张，特别是夸大自己的缺点，使别人感到不可信而可笑，同时使自己去掉自卑感。表达者的自嘲会让人们感到愉快，从而发笑。

时逢中秋，乾隆皇帝在御花园召集群臣赏月，他一时兴起提出要与纪晓岚对句集联，以增雅兴。乾隆自恃才高八斗、文思敏捷，于是先出上联："玉帝行兵，风刀雨剑云旗雷鼓天为阵。"吟毕，他扬扬得意地注视着纪晓岚，看他如何作对。纪晓岚沉思须臾，语出惊人："龙王设宴，日灯月烛山肴海酒地作盘"。平心而论，纪晓岚的下联对得不但工整，气魄也甚为宏大，较之上联犹有过之，乾隆也非庸君，岂能不知其好？可正因如此，才引出了下文。只见乾隆听毕下联，脸上的得意之色消失殆尽。"伴君如伴虎"，身为朝廷一品大臣的纪晓岚当然明白乾隆爷的心思：好胜的乾隆，怎能容得过己之对？自己实不应和他平对，搞不好会惹来杀身之祸。怎么办？

只见纪晓岚灵机一动，说道："主子贵为天子，故风雨雷电任凭驱策，傲视天下；微臣乃酒囊饭袋，故视日月山海都在筵席之中，不过肚大贪吃而已。"乾隆听毕，得意之色再露，对纪晓岚笑曰："爱卿饭量虽好，如非学富五车之人，实不能有此大肚。"

自嘲是比较安全的一种幽默，可以表达一种谦卑。它通过笑谈自己的缺点和弱点，使别人对你产生亲切感和同情感。能够嘲笑自己的外貌、缺点、愚昧，被认为是高明的幽默境界。因为它既可以避免自高自大，认清自己的不完美，也可以产生幽默感。

所谓自我解嘲，就是当我们自己的某种需求无法得到满足，从而产生一些不良情绪的时候，为了消除或减轻内心的苦闷，有意"丑化"那些得不到的东西，编造一些充分的"理由"，以此自我安慰，求得心理上的平衡，防止思想和行为出现偏差。古希腊著名哲学家苏格拉底的妻子是个泼妇，常对他发脾气，而苏格拉底总是对旁人自嘲道："讨这样的老婆好处很多，可以锻炼我的忍耐力，加深我的修养。"一次，老婆又发起脾气来，大吵大闹，很长时间还不肯罢休，苏格拉底只好退避三舍。他刚走出家门，那位怒气难平的夫人突然从楼上倒下一大盆水，把他浇得像只落汤鸡。这时，苏格拉底打了个寒战，不慌不忙地说："我早就知道，响雷过后必有大雨，果然不出我所料。"

央视著名主持人白岩松曾这样说过："我曾经跟朋友开玩笑说，把一条狗牵进中央电视台，每天让它在一套节目黄金时段中露几分钟脸，不出一个月，它就成了一条名狗。我在《东方时空》已经待了七年，如此而已。"谈起他的家庭时，白岩松幽默地"坦白"自己在家地位最低，他说："我坚决不同意在我们家养宠物，主要原因就是，养了宠物我的排位又会下降一位。"听众大笑！他还说儿子从来不买他的账："在家里，我儿子几乎不看我节目，经常挤对我。别人问我儿子：'你将来做主持人吗？''拜托！'——就这俩字，充满蔑视……有一天，我很沮丧，有点生气。那天早上火炬传递直播，我跑完之后，给夫人打电话，她跟我说：'儿子还没醒……没看！'那一瞬间有点沮丧……"

人际指南

适时适度地自嘲，不失为一种良好修养，一种交际技巧。自嘲，能制造宽松和谐的交谈气氛，能使自己活得轻松洒脱，使人感到你的可爱和人情味，有时还能更有效地维护面子，建立起新的心理平衡。

第 77 讲　双关的言外之感

生活中，我们常常听到"一语双关"这一词汇，并羡慕那些说话一语中的、言在此而意在彼、意味深远的人。而这一积极的语言效果，就来自于双关修辞手法的运用。

说话时，使用的每一个词或每一句话都有其特定的含义，有时这种含义却并不表现在这个词或这句话的字面意义上，而隐含在这个词或这句话的背后。而说话的人要表达的意思则恰好隐含在这个词或句子背后，这便是双关技巧。由于双关含蓄委婉，生动活泼，又幽默诙谐，饶有趣味，能给人意在言外之感，又使人回味无穷，因而在说话中经常为人们使用。

李四儿是老虎镇的一个无赖，一天早晨，他正在门口吃饭，忽然看见一位老大爷骑着毛驴哼哼呀呀地走了过来，于是想愚弄一下这位老大爷。他大声喊道："嘿，来吃点饭吧。"大爷连忙从驴背上下来，说："谢谢你的好意，我已经吃过早饭了。"可是李四儿嘲笑地说："我没问你呀，我问的是毛驴。"说完得意地笑着。大爷觉得以礼相待，却遭这个无赖的侮辱，心里非常生气，可是又不想与无赖李四儿对骂，觉得有失身份，于是顿了一顿，照准毛驴脸上啪啪抽了两巴掌，骂道："出门时我问你镇子上有没有亲戚，你说没有，非亲非故的，人家为什么会请你吃饭？"又对准驴屁股踢了两脚，"看你这只牲口以后还敢不敢乱说话。"说完，翻身上驴，扬长而去。

在上述这则小故事中，那位老大爷就是通过一种更加含蓄的方法，点到为止，既反击了李四儿的侮辱，替自己出了口气，又避免了一场争吵，真是高明。

所以，在日常交际过程中，如果我们遇到了同样的问题，我们不妨效仿一下老大爷的做法，这样既可以显示我们的智慧，又可以避免树敌，岂不是一举两得？

再举一个例子。一个小男孩站在低低的柜台前面，凝视着一盒打开了的巧克力饼干。

"喂，小孩，你想干啥？"食品店老板跟他打趣道。

"哦，没什么。"

"没什么？我看你好像是想拿一块饼干。"老板说。

"不，你错了先生，我是想尽量不拿。"小男孩顽皮地回答。

老板不禁被他的机智和可爱逗得哈哈大笑，于是送给他一盒饼干，作为"嘉奖"。

这位聪明的小男孩正是利用了一语双关、巧妙暗示的幽默技巧。

《刘三姐》里写刘三姐与三个秀才对歌，刘三姐唱道："姓陶不见桃结果，姓李不见李花开，姓罗不见锣鼓响，三个蠢材地里来。"这是谐音双关。刘三姐指姓陶说"桃结果"的桃，指姓李说"李开花"的李，指姓罗说"锣鼓响"的锣，说不见"桃结果""李花开""锣鼓响"，就是指陶、李、罗三位秀才没本事，不是赛歌的对手。这是利用双关语来进行讽刺。

人际指南

当我们在批评他人或者回答令人难堪的问题时，一定要注意方法，如果能够找到一种更含蓄委婉的方法那就再好不过了。

第78讲 幽默是破除尴尬的良方

当一个人处境困难或陷于尴尬境地时，有时可使用幽默来化险为夷，渡过难关；或者通过幽默间接表达意图，在无伤大雅的情形中，处理问题。

夫妻间偶尔拌嘴是常有的事情，但是你见过生气后如此道歉的吗？

婚后，妻子还是和谈恋爱时一样，霸道蛮横不讲理。这天夫妇俩本是说好一起去会朋友的，可走到半路妻子又不讲理地呵斥起老公来。老公平时都是言听计从的，可这次不知怎么的，竟来了牛脾气，一扭头就回家了，头一次把妻子丢在马路上。妻子当时气得眼泪都快流出来了，但不能认输，她只有赌气地单刀赴会了。

晚上11时妻子回家，见房里灯都关了，心想老公是睡着了，便没有按铃，掏钥匙开门时，发现门上贴着纸条，上写："你必须向我道歉！"妻子愤愤地想，我还没有找你算账呢！进屋后开灯关门，发现门后又贴着一张纸条，上写："或者把我皮鞋擦亮也行。"妻子骂道，呸！我给你擦个屁。

换鞋时发现，她的拖鞋上又有一张纸条，上写："呸，擦个屁！"妻子感到好笑，她心想，要我道歉，我都要一个星期不理你了，你心里有数点好不好。

妻子去洗漱，发现口杯上又有一张纸条，上写："如果你不知道该怎样向我道歉的话，书桌上有提示。"妻子急忙跑到书桌旁，只见桌上放着半页纸，正面写着："把背面的话对我大声念两遍就行了。"翻到背面，见上面贴着一张从报纸上撕下来的广告，广告词是这样写的："做女人，每个月都有几天心烦的日子……"妻子又想笑了：干吗不说我更年期到了，那样岂不是更好下台阶，可笑。妻子的气消了一多半。

有人曾说："幽默是痛苦与欢乐交叉点上的产物。"这句话道出了幽默的内涵。幽默是一种从容，是一种智慧，是一种达观。

人际指南

以严肃的态度对待一切，而以轻松的态度对待自己，尤其是面对失败，面对挫折，面对生活中的种种不幸，以幽默的态度一笑置之，那实在是一种坦荡荡的磊落襟怀。

第 79 讲　幽默劝导让人接受

幽默是最好的人际沟通润滑剂，说话中有了幽默，会让艰难的思想工作变得轻松；劝导中有了幽默，会让固执己见的人笑纳意见；谈判中运用幽默，会让剑拔弩张的对手言欢。幽默的沟通魔力是令人难以拒绝的。让对方在笑声中醒悟，从而达到说服的目的，不能不说这是一种十分高明的沟通智慧。幽默地劝导别人，要尽量顺着对方的意思说，使对方领悟到你是自己人，从而乐于听你的话，接受你的观点，这样劝导取得成功的可能性就更大。

网上有个普普通通的大妈突然火了。她叫刘海英，今年 42 岁，在成都做了十来年的文明交通劝导员。这十来年里，刘海英发现很多劝导员的语气和态度都很不好，不但容易与违规的人争执，甚至还有劝导员被打伤过。

于是，刘海英想了个办法：用幽默的语言来劝导。她还向领导建议，让其他劝导员也一起努力。有一次，看到不远处的十字路口有辆载人的电动车呼啸而来，穿着黄背心的刘海英哨子一吹，摇着手中的小红旗，轻言细语地说："来来，大妈给你摆摆龙门阵，不耽误你几分钟！"驾驶电动车的小伙子不好意思地停下来。接着，刘海英便脱口说出一段顺口溜："不要慌，不要忙，红灯面前莫逞强。滚滚儿比人跑得快，未必你还是刘翔？就打你晃眼儿是刘翔，刘翔上街也不狂……"

刘海英一气呵成地说完后，小伙子四下望了望，红着脸让车上的女孩下了车。女孩下车时，笑得腰都直不起来了，还连连夸道："说得好，说得好！"幽默地拐个弯子劝导别人，确实是一剂清醒剂，让人在笑声中领悟过来。但是有一点特别值得注意：进行幽默劝导时，要尽量顺着对方的意思说，表明你是自己人。这样，对方才会乐于听你的劝，而不会误以为你别有用心。

一位女子由于太贪吃而消化不良，身材肥胖。去看医生时，她询问医生："医生，开点什么药好呢？"除了开健胃消食的药之外，医生故作神秘地说："我还有一剂保准管用的名药，你想知道是什么吗？"女子很高兴地问："当然了，是什么？"医生回答说："饥饿。"女子会意地笑了。

医生顾虑到这位女子的自尊，故意避开"肥胖"二字，把饥饿比作治病的良药，暗示她有点胖了，并婉转地劝她少吃东西。很明显，这种提建议的方式比直接批评对方的身材更容易被接受。

虽然做人最好不要"弯弯绕"，但劝人却需要"绕弯弯"。把直话曲说，让曲径通幽，不仅留有回旋余地，也让对方心悦诚服。

人际指南

只有在轻松愉快的氛围里，人的戒心才是最低的，这时候的劝导往往最有效，最容易让人产生共鸣。

第80讲　幽默反击更有力度

物理学上，有"作用力"，就有"反作用力"；朋友圈上，有"压迫力"，就有"反压迫力"。古人说："恶声至，必反之。"意思就是，当别人对我们嚷嚷时，一般人正常的反应就是嚷嚷回去，但这并非高明的人际互动技巧，最高明的技巧是运用"幽默反击术"。

幽默反击既不伤人，又能立竿见影，能在谈笑自若、云淡风轻中轻易化解人与人之间的尴尬、龃龉与冲突。

某牧师收到一封匿名信，里面只写了两个字"蠢材"。他把这封信拿给别人看，说："你们看，这封信真怪，只有署名，没有内容。"

俄国大诗人普希金年轻时，有一次在彼得堡参加一个公爵的家宴舞会，他邀请一位小姐跳舞，这位小姐傲慢地说："我不能和小孩子一起跳舞！"普希金灵机一动，微笑着说："对不起，我亲爱的小姐，我不知道你正怀着孩子。"说完，他有礼貌地鞠了一躬，离开了她，而那位漂亮的小姐却无言以对，满脸通红。

有一回，与丘吉尔共事的保守党议员威廉·乔因森希克斯在议会上演说，看到丘吉尔在摇头表示不同意，便说："我想提请尊敬的议员注意，我只是在发表自己的意见。"丘吉尔答道："我也想提请演讲者注意，我只是在摇我自己的头。"

萧伯纳是英国诙谐剧作大师，一次在一场盛大的游园会上，一个衣冠楚楚的年轻人上前问他："你是萧伯纳先生吧？听说你父亲只是一个裁缝匠。"语气充满了轻蔑与不屑。

萧伯纳点头微笑道："不错，我的父亲是个裁缝。"年轻人步步紧逼："那……你为什么不学他呢？"

萧伯纳依然不生气，他笑看了年轻人一眼道："听说你父亲是个谦恭有礼的君子？"年轻人扯了扯衣领，高贵又骄傲地说："对呀，大家都知道！"

萧伯纳说："那你为什么不学他呢？"

年轻人顿觉羞愧万分，赶紧走开。

美国前财政部长罗伯特从小就是学业优异的学生，不过求学过程也不是没挫折：高中毕业时，他先申请普林斯顿大学，结果遭到拒绝（按照名校逻辑，这可能跟他念的是公立高中，而不是知名的贵族私立高中有关）。不过，他运气还不错，申请到了哈佛大学这所一流学府。四年后他毕业了，得到优等生及最优学生的鼓励。君子报仇，"四"年不晚，他故意写了一封信给拒绝他的普林斯顿大学学务长："我想，你或许有兴趣知道你拒绝的人后来的情况，我只是想告诉你，我是以最优等的成绩从哈佛大学毕业的。"普林斯顿大学学务长也是个厉害角色，他说："谢谢你的来信，我们普林斯顿大学每年都觉得我们有责任拒绝一些资历很好的学生，好让哈佛大学也能有一些好学生。"

周恩来总理很有政治智慧。二十世纪五六十年代，中国和苏联关系紧张。有一次在一个外交场合，赫鲁晓夫有意刁难和奚落他："周总理，我和你有一个重大的不同，那就是我出身于无产阶级，而相反，你出身于资产阶级。"

怎料到，才思敏捷的周恩来总理立即反击："但至少，我们都有一点相同的地方。"赫鲁晓夫报以好奇的眼光，周总理继续说，"那就是，我们都背叛了原来的阶级。"

人际指南

当一个人被提问者逼到墙角的时候，总能够反戈一击。如果这个人再有一些幽默感，那么效果就更好了。

第81讲　以退为进，引入荒谬

归谬法是人们经常使用的一种反驳方法。这种方法是"以退为进，引入荒谬"的方法。所谓"以退为进"，是因为这种方法通过假定对方的论点是真的这一手段，来达到反驳对方论点的目的；所谓"引入荒谬"，是因为这种方法可以从对方的论点合乎逻辑地引出荒谬的结论，使人一听、一读就会立刻感到对方的论点站不住脚。然后根据充分条件假言推理的否定后件式，证明对方的论点必然为假——这一步往往并不说出，因为不言而喻。

一辆宝马车的车轮轧了一哥们儿的脚，年轻的车主停下车，责问道："我车子开过来，你为啥不躲？"大家都听傻了！车主看到蹲在地上的那位没反应，又重复了一遍："看见我车拐过来，为什么不躲？"蹲在地上的哥们瞬时跳起，直接冲车主下巴就是一记重拳，年轻车主应声倒地。这哥们说："看见我的拳头过来，为什么不躲？"这位被轧的哥们颇有驳论的本领，他运用了"归谬法"。

古希腊著名学者苏格拉底被认为是古代运用归谬法的典范。他喜欢跟学生展开论辩式的谈话。在谈话中，他常常先假设某一论点是正确的，然后由此向前推演和引申，当引申出荒谬的结论时，原先假设正确的论点也就被否定了。例如，他曾假设"欺骗是非正义的"论点成立，然后据此推断，在战斗中欺骗敌人、为鼓舞士气欺骗士兵、为防止朋友自杀偷走他的枪、为医治孩子的病骗他吃药等就都成了非正义的行为。而这样的结论明显是荒谬的，因此，"欺骗是非正义的"论点不成立。当然苏格拉底的用意是告诉学生，在思考问题时要全面，不能绝对化，并非所有的欺骗行为都是不正义的。

有个病人对住院处的护士说："请把我安排在三等病房，我很穷。""没有人能帮助您吗？""没有，我只有一个姐姐，她是修女，也很穷。"护士听了生气地说："修女富得很，因为她和上帝结婚。""好，您就把我安排在一等病房吧，以后把账单寄给我姐夫就行了。"

有一次，英国大作家萧伯纳在晚会上遇到个肥头胖耳的神父。神父用目光上下打量着瘦骨伶仃的萧伯纳，阴阳怪气地说："萧伯纳先生，看您这副模样，真叫人以为英国在闹饥荒呢！"这位神父的意思当然是说：瞧你这副寒酸相，有什么资格代表英国人民立言？我的模样和风度，才是英国人富裕的象征呐！萧伯纳当然懂得这些，他微笑着答道："可敬的神父，看了您的尊容，我才知道了英国人民闹饥荒的原因啊！"萧伯纳的回答，幽默、风趣，既不失体面，又辛辣地回敬了神父：你的肥胖，正是靠吸吮人民的血汗，你才不配代表人民说话呢！

中国古代寓言故事常有运用归谬法的佳作，如先秦出现的脍炙人口的自相矛盾的故事。那个卖矛与盾的家伙吹大牛，而旁边的人并不直接驳斥他，而是在承认他的前提下，冷冷地问他："以子之矛，陷子之盾，何如？"这个问题中包含着这样的推断：假如你的矛什么都戳得穿，你的盾什么都挡得住，那么用的你矛就能戳穿你的盾，用你的盾就能挡住你的矛。这样荒谬绝伦的结论，如何能成立呢？那个卖矛与盾的家伙除了无地自容，还能说什么呢？

东方朔偷饮了汉武帝求得的、据说饮了能够不死的酒，汉武帝要杀他，他说："如果这酒真能使人不死，那么你就杀不死我；如果这酒不能使人不死（你能杀得死我），那么它就没有什么用处；这酒或者能使人不死，或者不能使人不死；所以你或者杀不死我，或者不必杀我。"这里隐含的前提是，如果酒是假的，那么偷饮了对汉武帝没造成损失，就不必被治罪。其实偷就是偷，与酒是否为假无关，是应该治罪的，但汉武帝被这个隐含的前提给骗了，结果原谅了东方朔。

人际指南

所谓归谬法，就是先退一步，姑且承认对方的荒谬观点是有道理的，然后依葫芦画瓢，按照对方的逻辑引申推论，得出一个让读者一望而知更加荒谬的结论，以其人之道还治其人之身。

第九章

每一个人都应该知道的人际潜规则

——人际交往潜规则

第 82 讲　尊重是获得友谊的前提

常言道："人敬我一尺，我敬人一丈。"言下之意就是懂得尊重别人的人才能得到别人的尊重，相应地，不懂得尊重别人的人也就没有资格得到别人的尊重。

尊重别人不仅是做人的一种美德，也是一个人的修养，还是人际交往中合作双赢的前提。在人际交往中只有尊重别人，别人才有可能和你成为朋友，进而成为合作伙伴，或是成为愿意帮助你的人。相应地，没有一个人愿意同一个不尊重自己、动辄对自己指指点点的人为伍。

一件关于美国总统麦金利的趣事。在美国与西班牙的战争爆发之前，一位著名的国会议员刚从白宫出来，迈着大步，帽子稍微向左边斜了一点。议员冲着一位影星很欢快地挥着手杖，脸上带着温和的微笑。这位影星对议员说："今天你似乎很高兴。"议员神采飞扬地说："不错，朋友，确实如此。刚才，总统用手臂勾着我的肩膀对我说道：'老兄，这次要打胜仗，全得靠你的帮忙了。'你看，总统还要仰仗我呢！虽然，我从前曾经在许多事情上反对过他，但是现在，他那么宽宏大度，依然器重我，我准备拥护他了。"确实，如果人们都能像麦金利总统一样懂得如何去尊重别人，哪怕是一直反对自己的对手，也可以变为朋友，从而获得更多的友谊与合作机会，拥有更丰富的人际关系资源。

孟子曰："爱人者，人恒爱之；敬人者，人恒敬之。"这句话强调的是尊重他人的重要性。一个人在与别人交往中，如果能很好地理解别人，尊重别人，那么他一定会得到别人百倍的理解和尊重。尊重，就像"一个善解人意的小姑娘，她透明的微笑叫理解，她淳朴的心灵叫高尚；尊重又像一位德高望重的学者，饱含待人处世的智慧，尽显人格操守的高贵！"

曾经有一个残疾的乞丐，他断了一只手臂。一天，他来到一户人家门口，向主人乞讨活命的食物。这时，从里面走出一个中年妇女，她仔细端详了乞丐一番，对乞丐说："现在经济形势这么恶劣，我没有多余的钱施舍给你。不过，如果你能帮我们家做一些事的话，我倒不介意为此付给你工钱。"乞丐纳闷了，自己一个残疾人，能干什么呢？妇人把乞丐带到后院的一堆砖边上，说："你只要把这些砖搬到前院，我就给你钱。"乞丐听完后，压抑不住心中的怒火，说："你明知道我只有一只手，还叫我搬砖！不给钱就够了，你还羞辱我。"但那妇人却拿起一块砖，对他说："拿起一块砖，一只手的力量就足够了！你虽然只有一只手，但是照样可以靠自己的劳动赚钱。"乞丐听完后，似乎懂得了什么。他吸了口气，用他的一只手，一块一块地把砖搬完了。妇人看着乞丐把砖搬完后，也兑现了自己的诺言，把钱给了乞丐。

几年后，有一个气度非凡、身穿西装的青年来到这个妇人家，感慨万千地感谢妇人。妇人开始并不知道他是谁，后来看出了那人是独臂，才想起是当年来自己家乞讨的那位乞丐。那乞丐现在成了一家搬运公司的老板，他正是用他的那一只手，成就了自己的一番事业。青年对妇人说："非常感谢您，要不是您帮我找回尊严，我哪会有今天，如果没有您对我的教诲，我……"

人际指南

在人际交往中，尊重别人的人格是赢得别人喜爱的一个重要条件。

第83讲　贪小便宜吃大亏

中国有句古话，叫"贪小便宜吃大亏"。好贪小便宜的人，看到的只是眼前的利益，只是一棵触手可得的树而已，他们没有看到不远处那一片原本可以属于自己的大森林。在朋友圈上，因为利益关系，他会自觉或不自觉地把自己孤立起来，使自己的路越走越窄。

贪小便宜吃大亏，这是颠扑不破的真理。一个爱占小便宜的人会给人一种不忠诚、靠不住的感觉。在这种感觉的影响下人们就会不再信任你，只会怀疑你，甚至远离你。所以一个人一旦和贪图小便宜沾上边，也就等于往自己脸上抹了黑。

所以，一个人不能总是把目光放在眼前的一些利益上，而应该放下小菩萨，树立大目标，把眼光放得长远一些。只有这样，在一些小利益的诱惑下，才不会顶不住诱惑，以致一失足成千古恨。同样的，在人际交往中，一个心胸坦荡、不斤斤计较的人才能更容易地就得别人的友谊。

"吃亏是福"——自己吃点亏，让别人占便宜，会让人觉得他有肚量和涵养，从而对他肃然起敬，他也因此能够获得大家的尊重，朋友圈自然比别人好。这样一来，当他遇到困难时，别人自然乐于向他伸出援助之手，即使是做事业的时候，别人也会给予他帮助和支持，这样他的事业成功概率就要比别人高很多。

在现代社会中，有很多诈骗的案例都是利用了人们的贪小便宜心理取得成功的。比如，有人在火车站旁边捡到了一部手机，刚要装进包里，旁边有一个人过来了，说："这手机我也看到了，也应该有份。"正在为难的时候，那个人又说："我也不跟你要手机了，你给我二百块钱吧，那个手机至少值一千多块。"这个人连忙把钱给了也看到手机的人，可后来却发现这个手机就是一个仿真的模型，根本用不了，这才后悔上了当。

这样的骗术在生活中是最常见的，但却非常灵验。因为，此骗术巧妙地利用了人的贪婪心理。你要克制自己的贪心，不管是万贯钱财，还是蝇头小利，都不要用违反道德或法律的手段去占有。免去了贪心，你的人生就能躲过很多陷阱。

人际指南 ⚓

《菜根谭》上说："人之短处，要曲为弥缝；如暴而扬之，是以短攻短。"意思就是你若发现别人有缺点或过失，则要婉转地为他掩饰或对他规劝，假如去揭发传扬，则是证明你自己的无知和缺德，用自己的短处来攻击别人的短处。所以，有时吃亏无非就是要你为对方文过饰非，既让他觉得欠你个人情，又让他知道自己做错了，下回注意。

第84讲　放低姿态增人望

为了赢得更多的朋友，也为使了人际交往进行得更加顺利，你不妨常以低姿态出现在别人面前，敢于衬托别人。

以低姿态出现只是一种表象，是为了让对方从心理上感到一种满足，使他愿意合作。学会在适当的时候，保持低姿态，绝不是懦弱的表现，而是一种智慧。

如果你想把生意做成，就得以一种低姿态出现在对方面前，表现得谦虚、平和、朴实、憨厚，甚至愚笨、毕恭毕敬，使对方感到自己受人尊重，比别人聪明。在谈事时对方也就会放松自己的警惕性，觉得自己用不着花费太大精力去对付一个"傻瓜"了。当事情明显有利于你的时候，对方也会不自觉地以一种高姿态来对应，好像要让着你似的，也就不会与你一争长短了。

低调的人会韬光养晦，他们的谦虚态度能够赢得朋友的帮助，他们的低姿态能够消除竞争对手的敌视和戒备，这样才能不知不觉地取得成功和财富。

自古以来，凡成功者都懂得放低姿态。周文王弃王车陪姜太公钓鱼，灭商建周成为一代君王；刘备三顾茅庐拜得诸葛亮为军师，促成三国鼎立。这些都是我们耳熟能详的故事，如果文王及刘备没有放低姿态，哪能求得赫赫成绩，从而流芳百世？

有一位博士因实践经验少，被许多公司拒之门外，万般无奈之下，他决定换一种方法——收起所有的学位证明，以较低的学历去求职。不久，他进入一家国内一流的电脑公司，做一名最基层的程序录入员。没过多久，领导发现他才华出众，竟然能指出程序中的错误，这绝非一般录入员所能比的，这时，博士亮出了自己的学士证书，于是老板给他调换了一个与本科毕业生对口的工作。

过了一段时间，老板发现他在新的岗位上也游刃有余，能提出不少有价值的建议，比一般大学生高明，这时博士亮出了自己的硕士证书，于是老板又提升了他。有了前两次的经历，老板也比较注意观察他，发现他比硕士还有水平，就再次找他谈话。这时博士拿出博士学位证明，并说明了这样做的原因，老板听后毫不犹豫地重用了他。

做人不仅要有自信，更需要内心真诚、成熟内敛，低调做人往往更具吸引力、凝聚力，使别人乐于与你交往。如果你想把生意做成，尤其是一单大生意，你就得时刻保持低姿态，保持谦虚、平和、朴实、憨厚，这样对方就会感到你做事踏实，对你产生信任。世界上一流的企业家都是大智若愚之人，为什么呢？就是因为他们遵循了这条规律：低调做人，高调做事。因此，要想把事办成，把生意做好，你不妨做人谦虚，做事积极。别人有了安全感，你才有安全感。

香港巨富李嘉诚常说："做人要尽可能地保持低调，以免树大招风。如果你始终注意不过分显示自己，就不会招惹别人的敌意，别人也就无法捕捉你的虚实。"

看过《三国演义》的人都知道这样一句话：刘备的江山是哭来的。且不管刘备是不是爱哭，但有一点可以确定，他从来不把自己放在高高在上的地位。在将士面前，他是仁义的主公，心怀苍生，复兴汉室；在敌人面前，他表现得相对有些软弱。实际上，这正是刘备的高明之处。他主动放低姿态，和将士同甘共苦，时时刻刻把天下苍生放在嘴边，这为他赢得了良好的声望。好声望就像磁石一样，能够吸引许多有才能的人前来投靠，使刘备的实力一天天壮大。所以说，刘备并不是一个软弱的人，他是一个懂得放低姿态获得人心的高手。

人际指南

真正聪明的人都会掌握一个"度"，适当地显露自己的锋芒，既不让自己的能力被掩盖，也不表现得太过高调。在人际交往的过程中，最忌讳的就是只知道表现，不知道低调。

第85讲　为请客找好理由

中国现代著名作家钱钟书先生在《吃饭》一文中说："吃饭有许多社交的功能，比如联络感情、谈生意经，……把饭给自己有饭的人吃，那就是请饭；自己有饭可吃而去吃人家的饭，那是赏面子。交际的微妙不外乎如此。"

现实生活中，有人将请客吃饭看作拓展朋友圈的唯一手段，只要有关系，不论什么人都请；还有人认为请客吃饭只会结交酒肉朋友，不能积累人际关系，是在浪费金钱和时间。其实，这些观点都不全对。与人交往的目的是交流沟通，饭桌上能否交到好朋友，关键在自己如何行事。如果能通过饭局积累自己的人际关系，那么也不失为一个很好的途径。

也许人们正是发现请客吃饭是一种十分体面而又毫无风险的增收手段，所以请客的理由越来越多，五花八门。比如生日、乔迁、工作调动、开业典礼等都要请客，单是在孩子身上就有满月、百天、抓周、生日、上大学等多次开发的机会。

胡平在《美食家的自白》一文中也说："诸多人际都在酒桌上获得了和谐的体现：再吝啬的人都会变得豪爽，再世故的人都会成为君子。热气和香气，忙碌地在人们脸上织出红润之色。人似乎年轻了几岁，这是心理效应；网又伸展了几格，这是可观效果。"

小李是新分来的大学生，初入职场的他和办公室里元老级的同事总有些不合拍，连科长都说他有些木讷。办公室里的同事总能找到理由请客。他实在找不到可以宴请大家的理由，又怕落个马屁精的"雅号"。这天，小李在路边的饭厅吃午餐，看到对面商店门口有个体育彩票销售点，很多人排着队在买彩票。小李灵光一闪，顿时想到个好办法。

从那天起，小李开始买彩票，还有意无意将买来的彩票遗忘在办公室。小李买彩票的消息，在同事间不胫而走。还没等大家把这个消息炒成办公室最热门话题，小李一大早就郑重地宣布自己中了 2000 元的大奖。下班了，同事和科长被请进了饭店，酒足饭饱后，小李从大家的眼神里看到了认可和友好，感觉自己融入了这个大集体。而这一切要感谢那次虚拟的"中奖"。[1]

在请客吃饭的时候，不要忘记饭局上的一些礼仪：

1. 敬酒有学问

一般情况下敬酒应以年龄大小、职位高低、宾主身份为序。一般来说要遵循先尊后长的原则，按年龄大小、辈分高低分先后次序摆杯斟酒。敬酒前，一定要充分考虑好敬酒的顺序，分清主次，即使与不熟悉的人在一起喝酒，也要先打听一下客人身份或是留意别人如何称呼，这一点心中要有数，避免出现尴尬或伤感情。

2. 劝酒要注意

虽然说，请客是为了交朋友，但是劝酒也不能不加节制。要让客人喝得尽兴，请客的目的才算达到了。事实上，多数人不喜欢被灌得太狠，

---

1 冯玉珠. 宴之道：职场宴请细节攻略 [M]. 中央编译出版社，2006.

所以，劝酒要根据客人的酒量，酒量不好的客人你就不要强求。

如果你要好的朋友跟你说"今天好像特别高兴，让我请你吧"的话，你也一定能够感受到被对方所重视的快乐吧？朋友之间的关系，要是总是对等关系的话就太无趣了。就算没有任何理由，偶尔也试着请请朋友吧。给你的人生带来许多欢乐的朋友，确实是值得你请客的人呢。

人际指南

与可以给自己带来正面影响的人一起吃饭，时间不会白费，这对个人的成长也会有帮助。不过要注意，在饭桌上不可急功近利，最好的方式是不谈工作，吃饭就是吃饭。俗话说："吃人家的嘴软，拿人家的手短。"只要一起吃过饭，下次找对方合作或请求帮忙时，别人一般都不好意思拒绝。

第86讲　不与他人争抢风头

我们身边总会有这样的人，喜欢事事抢风头，处处都要显得比别人聪明，这样的人，或许会获得一时的风光，但他的聪明会遭到别人的厌恶，甚至敌视，让自己的路越走越窄，最终会害了自己。确实，不少人都有过高估计自己能力、夸大自己作用的倾向，无论是在工作中，还是生活中，都愿意当主角。但是你要知道，你一个人把风头全占了，那么别人的努力就得不到回报。于是，他们就会逐渐远离你。每个人都希望做主角，并且乐此不疲，其实做配角更能为你赢得人缘和信任。

而那些平时不显山不露水的人，看上去木讷愚钝，实则是大智若愚，比那些自认为聪明的人高明了许多。所以说，真正的聪明人从不随便显露自己，而那些总是表现得比别人聪明的人其实最愚蠢。

正如老子说的："良贾深藏若虚，君子盛德貌若愚。"意思是说高明的商人总是不让他的财富显露出来，高尚的君子常常在外表上显得蠢笨。这句话就是告诫人们，不要尽露锋芒，要收其锐气，不可不分场合将自己的才能让人一览无余，惹人嫉妒。在你处处张扬的过程中，你的短处更容易被别人看透，落下把柄。

在《圣经》中，有这样一个故事：传说大卫在前线立了大功，他再与其领导扫罗一起班师回朝时，只听欢呼的人群不断高喊着："扫罗杀敌千千，大卫杀敌万万。"扫罗听后，自然很不高兴，这不是抢他的风头吗？而且他深刻地感受到大卫已经威胁到了自己的王位，于是决定派人除掉大卫。虽然大卫只是在无意中抢了扫罗的风头，但已经为他惹来杀身之祸了。像大卫和扫罗这样的人，在现实生活中也不在少数。中国历史上的韩信也是其中的一例。

一个人各方面的能力都是有限的，自大、自满、自我标榜只会惹来祸端。因为在自我标榜的过程中，既容易得罪人，又容易将自己的缺点暴露无遗。真正的聪明人，永远知道自己的缺点，永远懂得藏拙与巧，时时谨慎，处处小心，避免被人捕捉到疏漏之处。

有时候，保持适当的沉默，是谦虚友好的表示，也是一种自信和力量的体现，这能使你在与人共事时留下较大的回旋余地，进行必要的自我保护。旁人看在眼里，也会敬佩你这种内在的气质。将你的智慧和低调在工作中显露出来，以出色的工作成绩和谦逊的作风赢得声誉，自然会使好胜之人心服口服。

人际指南

一些特殊的社交中，聪明的人一般都把主角让给别人演，自己心甘情愿当配角，这看似损失，其实是策略性胜出。由于处于一种谦下的姿态，就不会成为被攻击的目标，从而获得了安全，也会受到大家的欢迎。这样的人，才是人际交往中的智者。

第 87 讲　成全对方的好胜心

有些人对一些小小的皮毛问题争得不亦乐乎，谁也不肯退步，说着说着就较起真来，以至于非得决一雌雄才罢休，结果闹得不欢而散，甚至相互结怨。假如对于一些非原则性问题，给朋友一个台阶下，满足一下朋友的自尊心和好胜心，不但朋友之间的友情得到加深，而且还显示出你的胸襟之坦荡、修养之深厚。

在无关得失的小事中，你要让对方一步。这不仅可以博得对方的欢心，而且给他人留面子，也是给自己多留一些余地，使自己不会因小事而受到不必要的伤害。每个人都有自尊心，你伤害了别人的自尊心，他会认为受到了大辱，从而一直耿耿于怀，并可能随时找机会进行报复。因此，在人际交往中，千万不能因自己的争强好胜而伤害别人的自尊心。从某种程度上说，给人留面子也是一种互助。尤其在一些无关紧要的事上面，你更要懂得给人留面子。换句话说，给人留面子是联络感情的最好办法；而伤人面子，受害的最终只会是自己。

如果遇到必须取胜、无法让步的事，又该怎么做呢？那也要给别人留一点余地，就像下围棋一样，"赢一目是赢，赢一百目也是赢"，只要能赢就行了，何必让人家满盘皆输？比如与人争辩，以严密的辩论将对方驳倒固然令人高兴，但也没必要将对方批驳得体无完肤。

生活中常常有些人，无理争三分，得理不让人，小肚鸡肠。相反，有些人真理在握，不声不响，得理也让人三分，显得绰约柔顺、君子风度。前者，往往是生活中的不安定因素，后者则具有一种天然的向心力。一个活得唧唧喳喳，一个活得自然潇洒。在日常生活和工作中，为一些非原则问题、鸡毛蒜皮的问题争得不亦乐乎，以至于非得决一雌雄才罢休就没有必要了，应该适当地成全对方的好胜心。

> 人人都有自尊心，人人都有好胜心，若要联络感情，应处处维护对方的自尊。要维护对方的自尊，有时必须抑制你自己的好胜心，来成全对方的好胜心。

第88讲　急功近利没有好结果

聪明人不应当过于急功近利，有许多机遇是在交往中实现的，而在初步交往中人们很可能没有看到这种机遇，在这个时候，不要因为没有看到交往的价值，就冷落这种交往。无论你抱有什么样的目的，付出了多么大的代价，结交贵人都不是一天两天就可以大功告成的事。如果过于急切地表明自己的意图，甚至不惜做出谄媚的样子，那么你将失去贵人对你的好感和尊重，最终得不偿失。

有很多急功近利的人认为，钓到的鱼不用再喂食——这种短视完全违背了钓大鱼的原则。有过钓鱼经验的人肯定深有感触，因为他们知道，凡是善于放长线、钓大鱼的人，看到大鱼上钩时，总是不急收线扬竿，把鱼甩到岸上。因为这样做，到头来不仅可能抓不到鱼，还可能把钓竿折断。他会按捺下心头的喜悦，不慌不忙地收几下线，慢慢地把鱼拉近岸边；一旦大鱼挣扎，便又放松钓线，让鱼游几下，再慢慢收钓。如此一收一弛，待到大鱼筋疲力尽，无力挣扎，才将它拉近岸边，用提网捞上岸。

相信很多人都有过这样的经验：当你有了困难，觉得某人可以帮你解决时，才想起过去有许多时候本来应该去看他的，结果你都没有去，现在有求于人才去看他，会不会太唐突了？在这种情形之下，你不免有些后悔"闲时不烧香"了。

对朋友的投资，最忌讳的是急功近利，因为这样就成了一种买卖，说难听点更是种贿赂。如果对方是讲骨气之人，更会感到不高兴，即使勉强接受，也并不以为然，日后就算回报，也是半斤还八两，没什么好处可言。从现在起，多注意一下你周围的朋友，若有值得上香的冷庙，千万别错过了。人们都应该珍惜人与人之间宝贵的缘分，即使再忙，也别忘了沟通感情，这样一旦有事，也就不愁找不到帮忙的人了。

在约别人见面后，先套近乎，近乎套上了，就开始大肆推销你的产品，这样做会让人觉得你套近乎的动机不纯，是有意识地把大家往你布好的陷阱里带。其实，套近乎是拓展人际关系的第一步，人际关系需要慢慢培养，初次见面就向对方提出要求，会让对方觉得很尴尬，答应你吧，觉得你有些得寸进尺，不答应吧，面子上又过不去。这样，就算他第一次成了你的顾客，那也是最后一次，以后见了你，他一定会躲得远远的，你的人际关系还是没有建立起来。

做人做事不可急功近利，无论做什么，都需要长年累月的积累。善于放长线、钓大鱼的人，看到大鱼上钩之后，总是不急着收线扬竿，把鱼甩到岸上。因为这样做，到头来不仅可能抓不到鱼，还可能把钓竿折断。他会按捺下心头的喜悦，不慌不忙地收几下线，慢慢把鱼拉近岸边；一旦大鱼挣扎，便又放松钓线，让鱼游窜几下，再又慢慢收钓。如此一收一弛，待到大鱼筋疲力尽，无力挣扎，才将它拉近岸边，用提网兜拽上岸。

一眨眼毕业都 5 年了，这天，小静突然接到老同学小芬的电话，心情还蛮激动的。在电话中她们聊得好开心，并约好周末一起喝下午茶。小静多么渴望能和小芬畅诉离情，重温学生时代的美好回忆啊。

但到了现场，小静吓了一跳：小芬竟订了咖啡馆一个包厢作为场地，举办她的"新产品使用分享会"。席间，有她们共同认识的其他同学，还有很多不认识的陌生人。站在广告牌旁边，小芬滔滔不绝地介绍她所推销的产品。看得出来，她很用心地装扮自己，颈上的钻石项链、耳垂上的耳环、胸前的别针都很贵重。显然，她不但要让大家知道这些产品很好，更要大家认可她的成功。小静和受邀出席的同学都很惊讶，不免有受骗的感觉。

第89讲 利用开场打破僵局

人们每天、每时、每刻都可能会出现在一些不同的场合，每一种场合都会需要开场白。人们常说，好的开始等于成功了一半。因此，好的开场白对谈话的成功起到了至关重要的作用。

好的开场白，首先要从对方的兴趣下手。人们都很惊奇美国前总统罗斯福为什么可以和各种人进行成功的谈话，不管是牧童、纽约政客，还是外交家，或是普通打工者。其实答案很简单：无论什么时候，罗斯福都会在接见来访者的前一个晚上阅读这个客人的资料，以便见面时找到令人感兴趣的话题。

有备无患。说话也是这样，做好心理准备，才能有好的开场白。好的开场白，能给别人留下深刻印象。提前做好准备，更多地了解对方信息，做到有的放矢。说好第一句话，获得对方好感，下面的事情就好办了。

多年前，美国前总统里根先生应邀来访复旦大学，并做了一次影响深远的演讲。演讲在一个大教室里进行。当时，面对初次见面的复旦大学的同学们，里根先生这样说道："其实，我和你们学校有着密切的关系。你们的谢希德校长和我的夫人南希都是美国史密斯学院的校友，以此看来，我们早就成为朋友了！"这样的开场白，立即拉近了他与在场所有人的距离。顿时，现场所有人都为里根先生献上了最热烈的掌声。

开场白的主要作用，是在人际交往中打破僵局，向对方表示自己乐于与其认识之意。一句适当的开场白，往往会为双方进一步的交谈打下良好的基础。开场白如此重要，那么，我们该以什么形式来说呢？

1. 多用"我们"

人心是很微妙的，同样是与人交谈，但有的说话方式会令对方厌烦，而有的说话方式却会令对方不由自主地产生喜慕。卡耐基因此告诉人们，若想让自己表现得更好，形成圆满的人际关系，就应善加利用这种"卷入效果"，常用"我们"一词。

用"我们"设计最好的开场白，无形之中把对方拉进了自己的圈子，就算对方想走也得找个合适的理由。

2. 别出心裁的开场白

用别出心裁的开场白来介绍自己，是给他人留下良好印象的一条捷径。1990 年，台湾艺术家凌峰先生参加央视春节联欢晚会。当时，观众对他还不熟悉。他在上场时介绍说："在下凌峰。我和文章不同，虽然我们都获得过'金钟奖'和最佳男歌星称号，但我以长得难看而出名……一般来说，女观众对我的印象不太好，她们认为我是人比黄花瘦，脸比煤炭黑。"凌峰的开场白让现场观众忍俊不禁，捧腹大笑。也正是听了他这句妙不可言的开场白，很多观众记住了他并表示了认同与欢迎。

听众的心犹如一扇暂未打开的门，门上锁着一把重重的大锁。如你能引起他的兴趣，心门就容易打开；如果你落入俗套，他的心门随之就会锁得更紧。出生于湖南凤凰的沈从文第一次到上海公校讲课时，因为紧张，他在讲台上足足站了十分钟，仍然没有开口。最后，他在黑板上写道：我第一次上课，见你们人多，怕了。这个别出心裁的开场白，引起学生善意的笑声。于是紧张的气氛缓和了下来，沈从文开始侃侃而谈。

3. 如何从天气入手

很多人可能认为以天气作为谈话的切入点比较好，比如"今晚好冷啊""这天气真是冻死人"之类的话。可是你知道吗？单纯地这样说，虽然能引出一些话来，却并不利于你们进一步深谈。但是，如果你这样说："哦，今晚好冷！像我这种在南方长大的人，尽管在这里住了几年了，但对这种天气还是难以适应。"相信这样的开场白，会使你们的交谈顺利得多，对方如果也是在南方长大的，就会引起共鸣，会接着你的话头继续说出一些有关的事；对方如果是在北方长大的，也会因为你在寒暄中提到了自己的故乡，而对你的一些情况产生兴趣，有了要进一步了解你的欲望，从而可以把你们的交往引向深入。

4. 利用幽默

在第二次世界大战中，纳粹德国席卷了欧洲大陆并准备攻占英国。当英国孤军奋战时，丘吉尔首相访问了美国，并在国会发表了演讲。出乎美国人的意料，他的演讲没有历数英国面临的艰难困苦，反而从头到尾充满了幽默。

"如果我的父亲是美国人，母亲是英国人（实际上与之相反）。我肯定会在这里得到一个议席。虽然这不过是极具诱惑力的想象，但如果那是真的，今天我就不能在这里受到诸位如此盛情的款待了。因此我仍然以自己是英国人为荣。"

美国议员们原以为这位大政治家会在演讲中大吐苦水，并极力寻求坚持不干涉主义立场的美国的帮助，但一听到丘吉尔这样充满幽默的开场白，整个国会哄堂大笑。结果，丘吉尔以幽默打动了美国人，促使他们通过了武器租赁法，拯救了整个英国。

人际指南

开场白是成功交谈的前奏，它的"调子"定得如何，直接影响着整个谈话的过程。得体的开场白能够瞬间打动人的内心，不仅能架起谈话双方友谊的桥梁，还能为你赢得成功的机会。

第 90 讲　人际关系中的马太效应

在心理学中，有种"马太效应"，是指好的愈好、坏的愈坏，多的愈多、少的愈少的一种现象。美国科学史研究者罗伯特·莫顿将其归纳为：任何个体、群体或地区，一旦在某一个方面，如金钱、名誉、地位等获得成功和进步，就会产生一种积累优势，就会有更多的机会取得更大的成功和进步。在人际交往中，也存在这种"马太效应"，即朋友多的人，会拥有越来越多的朋友；朋友少的人，朋友则会越来越少。这是因为人际关系有许多结点，一个朋友能带来很多朋友。

在现实经济生活中，我们通常会发现这样一种现象：越是那些业绩优秀、资金充裕的公司，银行越是想将资金贷给它，这就是资金的聚集效应。对个人来说，你越成功，就会拥有越多的机会，也会越来越自信，而这些机会和自信又会使你取得更大的成功。

季琦曾经是携程旅行网的 CEO，曾成功吸引著名的风险投资商 IDG 为携程旅行网进行了首轮风险投资。2002 年，季琦在工作中发现"连锁经济型酒店"的市场机会。当季琦创办如家酒店连锁公司后，得益于在携程的成功经历，以及和 IDG 多年的良好合作，使得 IDGVC 又投资了 150 万美元，不久又追加投资至 200 万美元。

IT 界的"老混混"们一次又一次地拿到了数以万计的投资，看来上帝似乎对他们特别关照。而那些陌生面孔的创业者，却好像怎么也唤不开风险投资的大门。一次成功融资的经历会成为再一次获得投资的催化剂。对于创业投资圈出现的这种"马太效应"，有人批评说是"任人唯亲"、"裙带关系"——只给"老面孔"投资。[1]

把"马太效应"放到我们的现实生活中。在你刚刚开始准备创业，

1　布尔古德. 创投圈子的马太效应 [J]. 中国投资，2005（11）.

准备开展一个项目的时候，你可能没有钱、没有设备、没有技术。不要紧，只要你拥有掌握这些资源的人就行。人际关系对现代人而言，已经成了成功与否的最大关键，因为谁也无法预知自己的下一步会如何。工作上的协助，生活中的资助，团队间的互助。

人际指南

根据"马太效应"，和大公司合作的一般是大公司，和优秀人交往的一般是优秀的人，所以在大公司可以认识很多优秀的人。因此，需要重视对公司的选择。

第十章

领导是你的天然朋友圈

——与领导的人际交往技巧

第 91 讲　赢得领导的信任

和领导相处，不仅要把自己手头的工作做好，还要懂得如何使自己受到领导的赏识。这一点很重要！有些人觉得表现积极的人都是想争权夺利，而自己不是那样的人，因此除了日常的公事之外，其他的事情一概不闻不问，甚至于对领导敬而远之。有些人觉得领导的学历比自己低，于是对他们不屑一顾。这些方式都不利于与领导相处，这样的人也不会受到领导的赏识。事实上，被领导赏识是一件很幸福的事情，方法也很简单，只要把领导看作是和自己前途紧密相关的人，是你的直接领导，那么你就会懂得去尊重他们。只有当你懂得尊重领导的时候，领导才会对你产生好感。

领导，不管是职权还是地位都在我们之上，与领导处好关系，你将会为自己的发展奠定基础，且借领导的提拔使你在职场和事业上迅速成长。那么，怎样才能够与领导建立起亲密的关系呢？

在与领导交往的时候，要根据领导的性格特点和好恶，对自己为人处世的方式做一些必要的修正，以便赢得领导的好感，建立起一定的感情基础。

怎样才能够与领导建立起亲密的关系呢？可以借鉴以下方法：

1. 正确看待领导

正确的方法是把领导看作是与你的前途密切相关的人，是你的直接领导，你应该尊重他，使他对你产生好感。不论是领导的公事还是私事，你都应该积极关注，努力做好，这样才能与领导搞好关系，实现自己的愿望。

2. 不要经常打扰领导

小事不必件件请示，有些事情等到有圆满的结果时再向领导报告，这样可以加深领导对你的良好印象。

3.忠诚可靠的下属

一个企业里，领导最欣赏的莫过于忠诚可靠的下属了。试想，一个与自己能够同生死共存亡的员工，哪个领导不感激、不重用呢？即使你能力不是最出众的，但一定要做到是最忠诚的，这样才可能赢得领导的信任和重用。

在职场中，任何一个领导都喜欢有一批忠诚于自己的下属。自古以来，不忠诚的下属往往都没有好下场。在领导看来，与不忠诚的下属共事，无异于养虎为患。因此，没有任何一个领导会重用不忠诚于自己的下属，无论这个下属具备如何高的学识才能，具备如何强大的干劲，都很难得到领导的重用。许多领导在挑选下属时，常常宁可要那些忠诚守信、才干一般的人，也不愿要那些精明能干，但跳过很多次槽的人。

4.让领导及时了解情况，这点最重要

领导要订计划，做主张。不可对上级隐瞒情况，无论好的或坏的消息，都要及时报告。

5.即使领导十分信任你，也应遵纪守法

不要做任何擅自专行的事，否则，就会侵犯领导的职权或占夺同事的功劳。

如果你能这么做，领导肯定会发现你，把你当作人才来重视，最后必将重用你。

总之，与领导搞好关系，是在为你将来的成功打基础，也是你人生成功的关键。

人际指南

只要你真正表现出对公司足够的忠诚，你就能赢得领导的信赖。同时，领导会乐意在你身上投资，给你培训的机会，提高你的技能，因为他认为你是值得信赖和培养的。

第92讲　不要抢领导的风头

　　争强好胜是人的共同心理，领导也不例外。他们希望自己才是众人注目的焦点，无法容许别人来抢自己的风头。有功归上，正是体现这一点。因此这是讨好领导、固宠求荣屡试不爽的法宝。所以，要想在办公室里混得如鱼得水，你必须掌握一定的办公室丛林法则。懂得把功劳让给领导，把红花给领导戴，是为上上策，于你有百利而无一害。

　　在任何一个单位，领导就是领导，他就是发号施令的人，是办公室这出戏中当仁不让的主角，而下属就是听命于领导的，是这出戏中的配角。作为配角，一定要明确自己在这台戏中的位置，时刻记住自己是配角，不要弄错了位置。配角就是配合主角、突出主角，绝不能喧宾夺主。所以，下属与领导相处，就应当把自己置于助手的位置，主动配合领导工作，受命于领导，听命于领导，而绝不可忤逆领导，无理违抗领导。

　　小西跟随吴总工作多年，在创业期间，两人共同经历了很多困难。经过多年的努力，老吴的公司终于走出了困境并开始盈利，走进良性循环。但最近一件事让老吴对小西大为光火，把小西拿来狠狠地开了一刀，让这段多年的宾主关系面临决绝。原来，某杂志社的记者到公司采访吴总的商业成功经验，也需要找人对吴总做一些侧面的了解，于是公司安排小西接受采访。兴奋不已的小西不假思索地把过去他和吴总创业过程中的很多不应该泄露的东西都告诉了记者，并且刻意夸大自己在公司中的地位和功劳。文章刊登后，看到杂志的老吴胸中窝了一股无名火却无法发泄，长时间以来对小西不知分寸、不分尊卑的不满终于爆发了，于是暗中找了个借口把"大嘴巴"小西的职位和待遇都降了。小西认为老吴忘恩负义，两人关系从此一落千丈。没多久，小西便气愤地离开了老吴的公司。[1]

每个人有自己的处事方式和对事物独有的看法，当你对领导的言论和观点产生看法的时候，一定不要当着众人的面说出来。即使不是面对领导，一个普通同事遭到你的言语抢白也必定会产生不悦，更何况是高你一级的领导呢？所以，不管在什么场合，都要记住，当面顶撞领导是最愚蠢的表现。如果你总是不考虑领导的面子，常常令其下不了台，那么，再大度的领导估计也不会容你太久的。

和领导抢风头，必定会使其心怀不满，甚至在心里把该下属打入"死囚"的行列。小王年轻英俊，又很有才华，但就是不善于掩饰自己的才干，刚到公司就锋芒毕露，还经常和领导对着干，结果如何呢？半年后，小王就被炒了鱿鱼。

很多初入社会的年轻人都有张扬的个性，对很多看不惯的事总喜欢张口就说，对自己的才华也总是忍不住要炫耀一番，这其实很不理智。

有个从事软件开发的小伙子，在学生阶段就已经为很多公司编写过程序，也小有名气。刚参加工作时，领导一直不让他独立接案子。他看到别的同事编写的比自己的差很多的程序都被采用了，而自己却一直没有出头的机会，心中大为不满，于是直接将做好的程序交给客户，客户看后大为赞赏。结果，小伙子被炒了鱿鱼，领导为他准备的一个大案子也"花落旁人家"了。我们要认识到，领导有他自己的打算。作为打工者，即便"学富五车、才高八斗"，也不要轻易挑战领导的权威。

你必须懂得用毕恭毕敬的态度来对待领导。领导在下属面前，可能批评其他同事，但这时如果你随口附和他的话，反而会伤害他的自尊心。原因在于，由领导请来的员工，都是表明他的观察力、判断力和知人善任程度的砝码。他认为，他是领导，所以他可以批评其他员工，但这并不等于你也有资格这样做。

1　不要抢了老板的风头 [N]. 广州日报，2009（11）．

在一个团体之中，每一个人都有属于自己的位置。我们应该根据现实情况找准自己的位置，不要让自己越位，也不要让别人占据了自己的位置。这样，才能够保证团体成员间的协调合作，推动共同的事业向前发展。

第93讲　适当地赞美领导

当然，在生活中，我们也曾见过不恰当的颂扬和奉承，激起的只是对方的疑虑甚至厌恶。恰如雨果所言："我宁可让别人侮辱我的好诗，也不愿别人赞美我的坏诗。"因此赞美也要恰当。做到恰如其分，就要讲究艺术和技巧。

你很真实地表达你的钦佩之情，适当地奉承一下也无不可，但一定要让他感觉你的称赞发自肺腑之言。

下面就介绍一些赞美别人的简单策略。只要我们牢记这些经验，赞美就很容易奏效。

在和罗斯福交往过的人中，很少有人当着罗斯福的面指出他的错误。这些人嘴里永远这样不停地唠叨："简直太不可思议啦。这难道不是奇迹吗？多么超凡出众！"巴特称他们为"一群疯狂的摇尾者"。虽然巴特非常钦佩罗斯福，但是他并没有像这些"疯狂的摇尾者"一样嘴里充斥着阿谀奉承。结果，很少有人能比他更顺利地赢得罗斯福总统的喜爱和尊重。

面对一个领导，直接说奉承话甚至有可能引起对方的反感，但是如果你在与对方沟通之前就仔细地查阅一些领导研究的成果，在此基础上，想出一些问题来向其请教，就形成了另一种形式的赞美，可称之为"请教式赞语"。

从一定程度上讲，成就感是领导者最为注重的东西。夸奖领导就是将其成就很好地表述出来，让他获得强烈的心理满足。如果你的领导做的事情不是很大，公司发展较为缓慢，那么，你可以强调：从无到有已经很不错了；如果他是创业者，你可以对他说：现在的国企已倒闭了不少，生意挺难做，公司能维持已算是经营有方了。你的领导并不会认为你在刻意地奉承他，而是以为你言之有理，心理颇为平衡，并能获得一些成就感。

赞美领导成就的同时，可表达关心。关心的话语，会使领导深深地感到自己的成就已得到了人家的承认，也因此而更得意。赞美领导的成就时，还可表示你的信赖。比如，"郑总，大伙儿私下里都在夸你的成就，'有你这样的带头人，我们前途会很美好的'"等。当你学会正确地赞美领导时，你的职业生涯会顺畅很多。

人际指南

无论怎样，领导都不会拒绝别人的崇拜。崇拜将使领导的成就感更为强烈，并深深体会到自己的价值感。

第94讲 执行命令不容商量

执行力的定义很简单，就是按质按量、不折不扣地完成工作任务。执行力的强弱取决于两个要素——个人的能力和工作态度。能力是基础，态度是关键。所以，我们要提升个人执行力，除了要通过加强学习和实践锻炼来增强自身素质，而更重要的是要端正工作态度。执行命令应注意以下几点：

1. 拒绝拖延

拖延会侵蚀人的意志和心灵，消耗人的能量，阻碍潜能的发挥。

2. 强化执行动机

一个人不仅要会做，还要有工作意愿（动机），即要"肯做"。充分发挥主观能动性和责任心，在接受工作后应尽一切努力把工作做好。

3. 坚持到底，有始有终

一个人在工作中一旦养成了有始无终、半途而废的坏习惯，就永远不可能出色地执行命令。

4. 端正执行态度

有令不遵，违规操作，是执行态度不端正的表现。执行态度即对待工作的态度与标准，工作的意义在于把事情做对，而不是做五成、六成的低工作标准，甚至到最后完全走形，面目全非。应以较高的（大家认同和满意）标准来要求自己。

5. 不为失败找借口

成功者不善于也无须编造任何借口，对于自己的任务和目标，他们能够承担起责任，当然也就能够享受自己的勤奋所带来的成果。

人际指南

接受任务，就意味着你负担了这份责任。如果执行不力，那么以后你就很难再得到重要的任务了。

第95讲　如何拒绝领导

职场领导很容易犯主观主义的错误，容易把不该让下属做的事当作应该让下属做的事，容易把无理要求当成分内要求。在职场中，很多人都会遭遇领导提出的无理要求。有的人选择默默接受，而有的人选择断然拒绝。拒绝领导的人会觉得自己是一个有原则的人，觉得领导的意见不对。但如果领导不理解你，就会因为你的拒绝而迁怒于你。

在职场上如鱼得水的人往往是那些与领导关系融洽的人。但是如下问题该怎么解决：如何拒绝领导错误的决定？

1.拒绝的理由一定要充分

首先设身处地，表明自己对这项工作的重视，表明自己愿意接受的心情。然后再表明自己的遗憾，具体说明自己为什么不能接受。例如说："我有件紧急工作，必须在这两天赶出来。"充分的理由、诚恳的态度一定能取得领导的理解。

2.表现出你对领导的尊重

在你拒绝的时候，要充分地表现出你对他的尊重，这样才能打动领导。

3.永远不要当众拒绝

当众拒绝领导的重大弊端有三：一是暴露自己狂妄自大，不把领导放在眼里；二是容易引起领导的逆反心理；三是会被领导认为是鸡蛋里挑骨头，自己脸上亦无光。

4.拒绝之前先给领导一顶高帽

可以先赞扬领导是如何的通情达理、善解人意，然后才把拒绝说出口。这样领导心里舒服，就不会驳回你的拒绝。

5.提出合理的替代方法

如果领导非常需要找帮手来解他的燃眉之急，而你又有十万火急的事情要处理，那你不妨提出合理的替代方法。假如周末的时候，领导交代你速来公司完成一项任务，你不能接受，又无法拒绝，这时你千万不可怒气冲天，拂袖而去。你可以与领导共商对策："既然这样，那么过一天，等我手头的工作告一段落，就开始做，你看怎么样？"你也可以向领导推荐一位能力相当的人，同时表示自己一定会给他出点子、提建议。

6.向领导汇报，将问题减至最小

当你必须执行一个严重错误的决定时，假如领导决心已定，无法改变，但如果执行会造成重大损失，情况十分危急。你可以先接受下来，执行的时候，频繁向领导汇报，反馈问题，尽量将问题减至最小。

7. 坚持原则

当领导要求你做违法的事或违背良心的事时，平静地解释你对他的要求感到不安，亦可以坚定地对领导说："你可以解雇我，也可以放弃要求，因为我不能泄露这些资料。"如果你幸运，领导会自知理亏并知难而退，反之，你可能授人以柄。但假若你不能坚持自身的价值观，不能坚持一定的准则，那只会迷失自己，最终还是会影响工作的成绩，以致断送自己的前途。

8. 请求领导帮助

当领导把大量工作交给你，使你不胜负荷时，你可以请求领导帮你定出先后次序："我有 3 个大型计划，10 个小项目，我应先处理什么呢？"只要领导懂得体会你的认真谨慎，自然会把一些细枝末节的工作交给别人处理。

人际指南

为达到拒绝的目的，最重要的一点是，事先就要明确自己的态度，不要随便改变自己的初衷。

第 96 讲　得罪了领导该怎么办

在职场里，有些新手是不怕得罪人的。因为他们觉得，自己无欲无求，既不想升职，也不要抱领导大腿，即使得罪人也不怕。还有一些人平时乱讲话，有没有得罪人根本就不知道。而这些人，往往在最后，会受到莫名其妙的打击，但他们可能被人害了还糊里糊涂，不晓得是为什么。原因实际很简单，在职场上，得罪人是有成本的，你自以为不用怕别人，可以随便得罪，但在这个过程中，却已经支付了成本，而当时机成熟，终有恶报。

不管谁是谁非，"得罪"领导总不是件好事。作为下属此时如果处置不当，过于感情用事，就会加深鸿沟，使双方的关系日趋恶化，影响自己的职业发展。那么，一旦与领导发生冲突该怎么应对？常言道："冤家宜解不宜结。"通常情况下，缓和气氛、疏通关系、积极化解，才是正确的思路。具体来讲，主要有以下方法：

1. 反躬自省急补救

一旦你发现自己得罪了领导，不妨静下心来仔细分析一下，看看问题到底出在哪儿。经过反思，如果问题确实出在自己身上，那就要赶快采取措施加以补救。

2. 不要向同事争取理解

烦恼的时候，我们往往有向身边同事诉苦的冲动，无论你如何难过，你可以下班向家人、朋友倾诉，但在公司一定要管住自己的嘴，不要向同事抱怨。一来这是为了避免给同事出难题，人家支持谁呢？再者，万一你的抱怨被居心不良的人添枝加叶反馈给领导，你与领导之间的裂痕就会越来越深。

3. 奋发图强

如果领导故意找茬，当众贬低你的工作能力时，你不能反唇相讥，两人争得面红耳赤。你能做的最为有效的方法就是加倍努力，发愤图强，使自己的业务能力出类拔萃，成绩有目共睹，用实力证明给大家看，这样他以后就不会再小觑你了。

4. 借风扬帆求调和

作为一个"小兵"，你既没权又无势，人微言轻，如果你尽了很大努力仍不能改变领导对你的态度，那你就要考虑寻求外援了。比如说，找一个与你私人关系较好的本单位的其他领导，或是在你的领导面前能说得上话的人当"和事佬"，从中协调。

5. 走为上计

说实在的，这一招比较无奈，如果实力不够强劲，切不可贸然使用。

如果的确"技高人胆大"，而目前所效力的公司又比较烂，那不妨一试，给自己一个重新开始的机会。

人际指南

与领导发生冲突后，见面应做"第一个开口的人"，主动搭腔问好，热情打招呼，这样至少不会让矛盾继续扩大，还能给领导或同事留下不计前嫌、大度处事的印象。

第 97 讲　与领导换位思考

孔子曰："己所不欲，勿施于人。"说的是自己不想要的东西，切勿强加给别人。然而企业管理中，我们常常能够看到这样的情况：一切以个人为中心，只顾及自身的感受，而忽略了他人的感受。这就要求我们要进行"换位思考"。

一个企业就像是一个大家庭，在企业内所有人工作奋斗的总目标应该是一致的，而且在一个系统中强调的是整体运行，某个子系统不能正常运作则整个系统会受影响，因此每个人都应从整体、全局的高度出发，认识到别人的工作与自己的工作同样重要，才会关心别人，才会理智地进行换位思考，解决好工作中的矛盾。

有些人平时总是抱怨领导不懂员工伤悲，领导仿佛成了"周扒皮"，而员工永远是占理又委屈的一方。冷静下来想想，领导自有其高人一筹之处，身为员工有必要跟着领导偷师，学习职场生存法则。很多员工总爱抱怨工作如何不顺心，领导如何提出不合情理的要求，似乎所有人都进了错误的公司和错误的办公室，跟了错误的领导。

其实换个角度想，任何工作都可以学到东西，换个角度上职场，那种由大脑里强烈的对比反应而升华出的新智慧会给你一个不同往昔的新鲜印象。领导总是提出无理要求？并非领导的眼光不如你，而是站的位置不同，领导的视野要比你更广，通盘考虑的事情更多。

换位思考一下，我们也就不难理解领导了。领导也是人，一个极其普通的人，他跟我们一样，有家庭琐事的拖累，有巨大的压力，有工作瓶颈，有因员工不理解而带来的苦恼，也有不好对付的客户。

领导顶着巨大的风险开公司、购置设备、招聘员工、训练员工、管理公司、开拓市场、维护客户关系……这些过程不仅辛苦繁琐，还需要特殊的能力，譬如组织能力、公关能力、企划能力、融资能力、管理能力等。为了维持公司的运营，领导对内要做好管理，让一切有条不紊；对外要做好协调，交际应酬，让一切都能顺利无阻。商场如战场，风云变幻，稍有不慎，便会内外交困，将企业击垮。很多人只看到领导光鲜的一面，却往往忽略了他们辛酸的一面。

所有成大事的人都特别"懂事"、识大体。即使你不期待自己有什么大的作为，只为了与领导更好地相处，这一点也可以作为得力"法宝"。年轻人要想在职场站稳脚跟，不妨就从与领导换位思考开始做起。

人际指南

不要频繁地向领导汇报困难。如果一定要说，尽量同时提出有效的解决方法。否则，会使他低估你的办事才能。

在与领导沟通时，不能只顾让自己占上风，更要关注领导的感受，换位思考；不要把谈话搞得针锋相对，而让领导难堪；要营造出与领导之间默契和谐的谈话氛围，才能实现与领导的良好沟通。

第十一章

同事是你的最近朋友圈

——与同事的人际交往技巧

第 98 讲　让同事做主角

每个人都希望做主角，并且乐此不疲，其实做配角更能为你赢得人缘和信任。特别是在一些特殊的社交活动中，聪明的人一般会把主角让给别人演，自己心甘情愿当配角，这看似损失，其实是策略性胜出。一次出风头的机会不会给你带来什么实质性的东西，但是这一举动却赢得了一个朋友。一个虚名换取一个有价值的朋友，是一笔非常划算的交易。

美国著名的成功学家、"钢铁大王"卡耐基是一个不好虚名、重实际的人，只要对事情有好处，他就不吝于将出风头的事让给别人。有一年，卡耐基结识了一位名叫佛里克的青年。此人经营煤炭业，号称"焦炭大王"。卡耐基的钢铁公司需要煤炭，而且他对佛里克的胆识与才干非常赏识，如果跟佛里克合作的话，对他的事业无疑是有好处的。

卡耐基知道佛里克为人十分自负，如果不把他的面子照顾得很周全，即使他明知对自己有利，也不会合作的。即使卡耐基开出的条件非常有诱惑力，佛里克却还在犹豫，如果公司以卡耐基的名义运作的话，他是不乐意的。因为他是一个"宁为鸡首，不为牛后"的人。

卡耐基看出他的心事，补充道："新公司的名称是'佛里克焦炭公司'。"佛里克再无疑问，当即爽快地同意了。此后，佛里克成为卡耐基的合作者，日后更成为卡耐基钢铁公司的高层领导之一。

王铭性格开朗，待人热情大方。在办公室里，他逢人便主动打招呼，也非常健谈，说起话来滔滔不绝，有时也爱出个"小风头"。按理说，这样的人在办公室里应该如鱼得水，招人喜欢，然而，公司的同事就是不愿与王铭交往。

有一次，同事莉娜过生日，大家约好莉娜请同事们吃饭，晚上同事们出钱请莉娜去 KTV 唱歌。说到唱歌，这可是王铭的强项。尽管如此，同事们几乎没有人愿意叫他一起去，因为他去了，肯定就没有别人唱的机会了。不仅在生活中，在工作中也是如此，每次遇到出风头的机会，王铭都会抢先揽在自己的名下，一旦有了成绩，他就会到处宣扬是自己的功劳。久而久之，同事们都不愿意与他合作，王铭俨然成了办公室里的"透明人"，大家都视他为不存在。

许明明是个精明能干的女子，年纪轻轻便受到领导的重用，每次开会，老板都会问她："对这个问题怎么看？"她的风头如此之足，使公司里资格比她老、职位比她高的员工多多少少有些看不下去。许明明观念前卫，虽然结婚几年了，但打定主意不要孩子。这本来只是件私事，却有好事者到领导那里吹风，说她官欲太强，为了往上爬，连孩子都不生了。这个说法一时间传遍了整个公司，许明明在一夜之间变成了"当官狂"。此后，许明明发觉，同事看她的眼神都怪怪的，和她说话也尽量"短、平、快"，一道无形的屏障隔在了她和同事之间。许明明很委屈，她并不是大家所想的那么功利呀，为什么大家看她都那么不屑？

那些工作能力很强的人，却很容易遭人嫉妒，晓菲也不例外。某天晓菲冷静下来，忽然意识到，那些同事嫉妒自己，正说明自己是优秀的，而那些嫉妒自己的同事，实际上，是害怕自己的到来威胁到他们在公司的生存。认识到这些后，晓菲在公司的表现发生了很大的变化。首先，她不再表现得锋芒毕露，而是表现出一个新人的谦虚，即使是自己懂的问题，她也拿出很用心的样子，请教周围有经验的同事。在和大家交流的过程中，她也会主动把自己的创意提供给大家。有一次，在部门会议上，当领导再次表扬晓菲业绩的时候，她微微地笑了一下，说道："这要感谢李姐，没有她的指导，我根本就完不成。"就这样，通过一些细小的事情，晓菲和同事的关系越来越融洽。

我们每个人在与别人相处和交往的时候，要多照顾一下别人的心理感受，只有抓住了别人的心理，才能真正赢得别人的赞赏与好感。如果你只知道表现自己，抢着出风头而不给别人表现的机会，你就会遭到别人的怨恨，使自己陷入尴尬的境地。

然而如果你处处争第一，当"主角"，处处咄咄逼人，别人心里会感到紧张，甚至很容易对你产生反感，进而导致你们之间的交流出现障碍。为了赢得更多的朋友，也为了事业上进行得更加顺利，你不妨常以低姿态出现在别人面前。

生活中不可能人人都当主角，做配角的光芒虽没有当主角那么受人注目，但它却是另一种重要的处世技巧。灵活运用好"老二"的哲学，你会发现积累朋友圈变得如此容易。

人际指南

如果你在人际交往中只会夸夸其谈，不懂得谦虚务实，那么只会让所有人对你敬而远之。所以做人不可过多地炫耀自己，对自己的成绩要轻描淡写，要学会谦虚，只有这样，才会永远受到别人的欢迎。

第 99 讲　迅速融入同事圈

每个公司都会有自己的潜规则，但还要知道一些所有办公室里都会有的潜规则。当我们走进办公室，一定会遇到一大把明目张胆的潜规则，比如大多数人都知道：

1. 不要隐藏自己的失误

我们在工作中难免会犯一些失误，所有人都有一种心理，那就是想在别人不知道的情况下隐藏自己的失误。但是有一点请注意，如果你所犯的失误涉及你们部门或你的领导，你一定不能隐藏，因为很多时候隐藏自己的失误带来的是更大的失误，正所谓越遮越丑。就算你犯的是一个很低级的错误，你也要告知部门负责人或相关人员。

2. 必须参加每一场饭局

如果参加，你在饭局上的发言会变成流言；如果不参加，你的流言会变成饭局上的发言。

3. 得罪领导的秘书和司机就等于得罪领导本人

4. 必须懂得八卦定理

和一位以上的同事成为亲密朋友，你的所有缺点与隐私将在办公室内公开；和一位以下的同事成为亲密朋友，所有人都会对你的缺点与隐私感兴趣。

5. 必须与集体分享个人成功

所有人都是蜡烛——要点燃自己并且照亮别人。如果你只照亮自己，你的前途将一片黑暗；如果你只照亮别人，你将成为灰烬。

6. 做 100 件小事不如做 1 件大事

虽然都是为人民服务，为公司出力，但是你需要明白，做 100 件人人能做的小事，并不如做一件有影响力的大事，更能为自己增加晋升的机会。只有做那些有影响力的、牵动很多人的大事情，才能突显出你的能力来。

人际指南

那么怎样的办公桌才是专业化的呢？

(1)不能太乱。各种各样的文件摆在那里，太乱的话很容易给别人这个人工作没有条理的印象。(2)不能太整洁。如果你办公桌上什么都没有太整洁了，那别人会觉得你根本没事做。(3)不能有太多装饰品。(4)跟业务无关或跟你的调不符的书籍千万不要放在让人看到的地方。

第100讲　受同事欢迎的职场人士

陌生的环境容易让人产生自闭和自我怜悯心理，因为人类是一种群居的动物，渴望获得团体的接纳，获得归属感。如果和群体融合，我们会本能地觉得放心；万一和群体有隙，就会产生不安的感觉。如果你待在角落里，一天也没有和同事说上几句话，或者把所有对公司的感受只讲给同学、朋友听，跟同事老死不相往来，那你就要审视一下自己。

同事是与自己一起工作的人，与同事相处得怎样，直接关系到自己的发展。如果同事之间关系融洽、和谐，人们就会感到心情愉快，工作就能顺利进行，从而促进事业的发展；反之，同事关系紧张，相互拆台，经常发生摩擦，就会影响正常的工作和生活，阻碍事业的正常发展。

有一天，上帝听到一个深受工作困扰的凡人向他倾诉："我的上级和同事对我的工作不满意，我也对自己没有信心了。主啊，我该怎么办？"

上帝回答："你需要与你周围的上级和同事搞好关系。"

凡人不解："是我的工作不好，和人际关系有什么关系？"

上帝说："人往往是比较主观的。如果你和他关系不好，他看你什么都不顺眼，你工作得不错，他觉得你一般，你工作一般，他更觉得你不行，总会给你的能力打折扣；如果你和他关系好，那他就看你事事顺眼，你工作不行，他也觉得你还可以，你工作一般，他更觉得你不错，总会给你的能力加分增值。"

1. 培养自己的亲和力

随着年龄、工龄的增加，一个人的自我判断、社会认同感会越来越受工作的影响，而工作业绩好的人就往往会养成比较自以为是的习惯。相信自己并没有错，但还要能听得进别人的意见。这样你在同事中的形象就会变得很友善。

2. 让同事认为自己比你高明

要想成为一个受同事欢迎的职场人士，你应该适时让同事觉得自己更高明。即使你比同事优秀，你也要压住自己的风头，克制表现的欲望，让同事有优越感，以保持彼此之间的和谐关系。正如法国哲学家西法古所说："如果你想得到仇人，就表现得比你的朋友优越；如果你想得到朋友，就让你的朋友表现得比你优越。"

3. 做人不能太自私，要学会为他人着想

办公室是公共场合，是大家一起办公的地方，上班的时间更是要学会安静，不能影响到其他人的工作。如果接到电话更是要顾及到环境，轻言细语，速战速决，不影响他人工作。一般在办公室工作的人都离不开电脑，也需要打字。我们在敲击键盘的时候则要学会温柔，声音太大会影响到其他同事，遭人反感。

4. 要想受欢迎，就要懂得欣赏和赞美你的同事

都说"距离产生美"，距离你远一点的人，你通常能客观地给予评价，理智地承认他们的能力和成就。但对那些与你朝夕相处、有着紧密利益关系的同事，你反而很难平心静气地去欣赏他们、赞美他们。如果你有这样的心态和言行，从今天开始，你一定要摒弃它们。

5. 学会帮助别人

例如公司来的新同事，对所有的工作环境一点也不熟悉，就会有孤独感，人最难忘的是在他困难时拉他一把的人。这时，如果你能伸出援助之手，别人会对你感激不尽。这样你又多了一个同伴，或许你还能从他身上学到更多的知识，相互促进。

人际指南

虽然有人奉行"崇尚个性，突现才华"的行事准则，但你在同事面前最好不要张狂自负，不要处处炫耀自己的本事。

第 101 讲　赢得同事的尊重

在人的一生中，除了家人、朋友以外，同事是我们相处频率最高、时间最多的人群。事实上，同事之间既存在共同目标，又有各自不同的分工，既需要相互支持、帮助，又暗藏着彼此的竞争。尊重同事的同时，也能够赢得同事的尊重，这是你在职场上实现自我价值和人生目标的前提。

1. 要有团队精神，要明白什么是团队精神

我们先要知道哪些不是团队精神的表现。讲一个故事明确阐明观点。这个故事是这样的："曾经有一匹马和一头驴在一起工作，一次外出，主人在安排任务时给了驴更多的货物，而只给马安排了一点。路上，驴感觉到不堪重负，就和马说：'能不能将我驮的货物分你一点？这点对你来说并不算什么，但对我却可以减轻很多负担。'马听后非常不屑：'凭什么，你的货物干吗让我来驮？'不久，驴因为超负荷累死了，主人便将原来驴驮的货物全部加在了马背上，马顿时感到不堪重负，这才想起驴的话，懊悔不已。"

2. 尊重别人，等于尊重自己

想要得到别人尊重，首先得去尊重别人；想让同事亲近你，首先要主动友善地亲近身边同事，态度积极地询问和请教问题，这样总会得到对方同样友善的回应，双方也能更快、更友好地熟悉起来，这不仅有利于自身的成长，也有利于工作沟通和协作。

3. 分清级别

不能越级，要分清级别该自己做的事情自己做好，不该自己做的尽量不要插手，不要出风头。和同事沟通时要诚实，不要吹嘘自己。同事有困难要积极帮忙。

4. 得到认可

对人要热情，要学会微笑，学会与人沟通，以及巧妙地赞美，而不是特意讨好。最重要的是为人要真诚，还要有爱心、细心、耐心，要注意生活中的细节，可能就是细小的一件事让你看到了、解决了。时间长了，就会有人注意到，也会觉得你是值得用真心去对待的朋友，你自然也会得到大家的认可。

5. 尊重别人的隐私

当我们的隐私受到侵犯的时候，我们生气，甚至会用辱骂的方式来维护自己的正当权利。所以，在工作场合，不要随意打听、询问同事的隐私，更不要参与议论他人的隐私，这是对他人个人空间表示尊重的最好方式。

6. 少一些精明，多一些关心

与同事相处，需要少一些精明，多一些关心。每个人心中都有一本账本，记录着自身的利益得失。如果你表现得过于精明，事事占尽先机，不免会因为得到某些小利益而得罪周围的人。适当地吃一些小亏，让利于同事，会给自己创造一个非常宽松的人际关系环境。总之，要做个受同事欢迎的人，就要收起自己的锋芒，适时地示弱，吃些小亏，才能占到"大便宜"。

人际指南

正如卡耐基所说的："每个力求在生活中有所突破的人，他们最吸引人的地方是：他们尊重别人，因而赢得了自己；为成功的人生打造了坚实的人际基础"。

第102讲　及时让步，解决争端

有的时候，争吵是根本没有意义的，不仅浪费时间和精力，同时也让自己窝一肚子火，但如果能够及时做出让步，就能让本来剑拔弩张的形势恢复平静。如果一味坚持自己的看法，不肯让步，那么只能给彼此制造更大的麻烦。很多人都看过《鹬蚌相争》这个故事：鹬鸟想啄死河蚌，却被河蚌夹住了尖嘴，双方谁也不肯让步，结果都被一个渔翁捉住了。更多的时候，一旦当你与别人产生争执，只会自降身份，给别人留下非常恶劣的印象。

小王在公司里与人有争执的时候，一般都是他主动低头，做出让步。例如有一个周末，他加班两天，但当月的工资里却没有算上他的加班费。小王就向公司会计咨询，会计却狡辩："你没有把加班证明给我啊。"小王说："我加班后的那个星期一就给你了。"会计不耐烦地说："别说这些没影的事，你根本没给我。"小王想了一下，停止了争辩："可能是我太忙而没把证明给你了，我现在给你补一个。"于是，小王重写了一个加班汇报，然后请部门经理签字，部门经理感觉很奇怪："这个加班证明不是早就给你签过了吗？"小王解释说："会计坚持说我没交给她，算了，我就不和她计较了，给她个面子。"部门经理边签字边笑："你这个小王，还真是个宽厚人。"

很多时候，我们之所以会跟别人产生争执，都是由于自己爱生"闲气"。其实，只要静下心来想想，你的及时让步是解决争端的一个好办法。不管自己是对还是错，及时向对方让步，赶快让争论平息，这不仅可以展示自己的风度，更重要的是还能够尽量减少自己的麻烦，使自己腾出时间，做更多有意义的事情。

人际指南

不要过于草率地放弃最初的要求。如果对方觉得你最初的条件是很不负责任的，那么当你放宽条件时，他们可能不把你的行为看作是一种让步。

第103讲　谦虚地向同事学习

有句话叫做："姜还是老的辣。"在我们周围，有很多这种"老姜"。他们的年龄长于我们，他们的经验胜于我们，他们的体会和感悟也深于我们，所以，迷茫的我们不妨多向周围经验丰富的"老姜"们请教请教。他们的老资格，往往就是一笔宝贵的财富。他们给你的建议，可以让你少走很多弯路，也可以让你能够较快地达到成功的彼岸。

有一位女企业家，17岁高中毕业，到一家纺织单位当工人。厂里组织上岗培训，老工人教新人操作纺织机时要食指按键、中指挑线。

可实际操作起来她就犯难了，明明老师操作起来快得很，可自己不但快不起来还老是挂不上线。好几个月过去了，自己的效率一直是最低的，不仅奖金泡汤了，工长也开始对她不满意。郁闷了半天，她决定去找那个给她们做培训的老工人请教一下。当时正好赶上中秋节，她提着水果和月饼就去人家家里拜访了。

那老工人见她都上门请教了，就透露了一个小秘密："厂里制定的操作规程让用食指按键、中指挑线，两个指头离得太近速度就慢了，你用无名指挑线就要快得多了。"

得了"秘诀"后，她的速度立马就提上去了，奖金不断拿，领导也夸她能干。接下来的几年，她不断地尝试各种工作。每次换新工作她总会先拜师，向那些前辈学习，有了前辈的经验，她总能在竞争者中迅速成长起来。

轻易不求人，这是对的。但有时求助别人反而能表明你对别人的信赖，能融洽关系。比如你身体不好，你同事的爱人是医生，你可以通过同事的介绍去找他，以求获得更好的治疗。倘若你偏不肯求助，同事知道了，反而会觉得你不信任她。你不愿求人家，人家也就不好意思求你；你怕人家麻烦，人家就以为你也很怕麻烦。良好的朋友圈是以互相帮助为前提的。当然，求助要讲究分寸，尽量不要使人家为难。

人际指南

向身边的同事学习，善于观察、用心揣摩，这对提高个人思维层次和能力水平不失为一条"捷径"。

第十二章

下属是你的未来朋友圈

——与下属的人际交往技巧

第104讲　掌握批评的艺术

人们常说："表扬是把双刃剑。"其实，批评又何尝不是呢？表面上看，批评是一种得罪人的举动，可如果运用得当，会与表扬起到异曲同工的效果。如何进行批评才能获得最佳的效果呢？

1. 控制自己的情绪

当你的下属做了一件十分愚蠢的事情的时候，不要过于激动，不要冲着他大喊大叫。过于激动只会使你失去理智，做出自己意想不到的事情。一些领导过于意气用事，使用责骂、侮辱、拍桌子的方式来对犯错误的下属进行批评，这样不利于问题的解决，甚至会产生更坏的影响。批评应该在平等的基础上进行，态度上的严厉不等于言语上的恶毒，切记只有无能的领导才去揭人疮疤。更何况，批评的目的是搞清问题，而不是搞臭下级。

2. 切忌捕风捉影

不要在下属面前拿出你的领导气势，不要动不动就以训话和批评别人为乐趣，这样只会损害你的权威。他可能犯的只是一个小小的错误，或者他完全有可能并没有犯错，只是意见有所不同罢了，因此，在批评下属之前，最好审慎地考虑他是否的确做错了。

3. 切忌喋喋不休

批评的质量与其数量之间，并不存在正比的关系。有效的批评往往能一针见血地指出问题的实质，使下属心悦诚服，而絮絮叨叨的指责却会增加下属的逆反心理，而且即使他能接受，也会因为你缺乏重点的语言而抓不住错误的症结。

4. 尽量避免公开批评

不能不顾不问，但也应尽量避免公开。公开的批评，对下属的自尊是毁灭性的打击。

5. 给下属解释的机会

领导要给下属解释的机会，让下属解释他当时那样做的原因。这样做，一方面是能更好地采取弥补措施，另一方面也是确保下属能够明了错误的原因，保证今后不再犯类似的错误。

6. 做建设性批评

即不仅指出错误的行为，而且说出正确的做法和今后发展的方向。一方面显示领导对业务的精通，另一方面也使受批评者心服口服，进一步认识自己的错误。例如："小王，你刚才对那位顾客的态度不好。顾客是我们的上帝，无论她怎样挑剔，你都应该尽可能地满足她的要求，并且态度始终要友善可亲。"

学会以建设性的方式批评别人是一项练习，能把我们从愤怒、怨恨或失望的情绪中解救出来。做到这一点需要有某些特殊的品质或能力，如细腻、真诚或者共情的能力。需要注意的是，建设性的批评必须符合以下条件：它是具体的、有根据的、针对某个具体的事实或行为的，绝不怀疑对方的自身价值。

7. 批评"点到为止"即可

如果我们在批评别人时不注意方法，狠狠地将对方批得体无完肤，那么，对方很可能就会"明知道自己错了，可就是不改正"。

人际指南

一些成功的企业家提倡一种"三明治"的批评方法，也就是在对别人批评的时候，先找出对方的长处进行赞美。他们力图使谈话在一种平和的氛围中进行，在结束时又以赞美对方某一个优点结束。事实证明，这种批评方法十分有效。

第 105 讲　要学会承认错误

有三个字，卓越的领导者都会说，这三个具有魔力的字是："我错了。"如果领导者不能及时承认自己错了，他永远也不能纠正错误，改变方向，重新取得成功。承认错误的时间拖得越长，后果会越发严重。向股东和债权人隐瞒坏消息，同时提供乐观的预测，这已经导致许多 CEO 下台。

领导者坦白地承认错误和缺点，这会让他们更具人格魅力，显得平易近人。因为错误承认得越及时，就越容易得到改正和补救。对一个领导的评价，往往着眼于他是否有责任感。勇于承担责任，不仅使下属有安全感，而且也会使下属进行反思，反思过后会发现自己的缺点，从而在大家面前主动道歉，并承担责任。

需要注意的是：

领导错怪下属时，应单独或公开向其道歉。

领导的决策出现错误时，应诚恳地向大家公开道歉并及时调整。

领导被下属指出错误时应认真反思，并在确定自己犯错后及时承认错误。

说声"对不起"，你就海阔天空。它并不代表你真的犯了什么大不了的错误，或者做了什么伤天害理的坏事，"对不起"只是一种软化剂，使你们双方都有后退的余地，为下一步的沟通创造条件。

领导要为下属树立承认错误的榜样，表明，宽容，决不逃避自己和对自己的行为负责。

第106讲　关心自己的下属

　　下属也是同事，不同之处是，他在你的领导之下。有人会认为，下属就是技不如我的人，他只要听命于我就行了。我让他干什么他就干什么，他的命运掌握在我的手里。殊不知，即使你的下属只是一个看门人，但现在他在为你服务，为你创造价值、协调工作，使公司正常运转。既然领导是相对于下属而言的，那么，如何领导下属自然是主要任务之一。

　　素有"经营之神"之称的松下幸之助有一次在松下的员工餐厅招待客人，一行六个人都点了牛排。等六个人都吃完主餐，松下让助理去请烹调牛排的主厨过来，他还特别强调："不要找经理，找主厨。"助理注意到，松下的牛排只吃了一半，心想一会儿的场面可能会很尴尬。主厨来时很紧张，因为他知道请自己的客人来头很大。"是不是牛排有什么问题？"主厨紧张地问。"烹调牛排，对你已不成问题。"松下说，"但是我只能吃一半。原因不在于厨艺，牛排真的很好吃，你是位非常出色的厨师，但我已80岁了，胃口大不如前。"主厨与其他五位用餐者面面相觑，过了好一会才明白怎么一回事。"我想当面和你谈，是因为我担心，当你看到只吃了一半的牛排被送回厨房时，心里会难过。"如果你是那位主厨，听到松下先生的如此说明，会有什么感受？是不是觉得备受尊重？[1]

　　领导对下属也要多些仁爱。一个成功的领导会非常关心自己的下属，有时他们做得简直可以说是无微不至，以至于让下属感激涕零、心悦诚服。

---

[1]　没有吃完的牛排 [N]. 市场报，2004（6）.

关心下属对领导而言是一种很重要的修养。领导者对下属的关心，不能看成仅是工作方法。优秀的领导者即使工作再忙，也会抽出时间来与被领导者聊聊，了解大家的生活情况、思想情绪、遇到的实际困难，必要的给予帮助。自己的工作、生活有哪些忧愁烦恼、收获快乐，也不妨吐露，使别人了解。即便是无目的地闲谈，也可表示出与下级融为一体的意愿，从而使上、下级之间的心理距离缩短，这样下级会把上级当做朋友来信任，相处起来便无多少隔阂。[1]

要与下属处理好关系，还要注意以下原则：

1.尽力记住部下的名字

如果公司有很多员工，而他们又不在你的直接领导下，就很难记住他们的名字。如果你可以做到这一点，那么对员工来说，你这个领导就太值得他们为你效力了。

2.关心下属的"牢骚"

每个人都会有不满，有了不满就会发"牢骚"，从而使自己得到心理上的放松。"牢骚"并不可怕，但作为主管如果不去分析"牢骚"背后的原因，及时疏导，下属的怨气将会积小成大。而且这种不满很容易像瘟疫一样在组织中蔓延。一旦其他下属受到感染，一场大的动荡就在所难免。这时候，你想解决都没有机会。

3.尊重员工

肯定他们的存在价值，尊重他们的意见，要知道他们的工作都是由你指派的，尊重他们也是尊重你自己。

4.讲究民主

要重视和听取周围所有人的意见，而不是把某个人或人群作为目标。不把个别人的意见凌驾于全体之上。一来，这是身为领导的职责，领导是为大家服务的；二来，你越公正和民主，你的意见越容易和大家的意见一致，团队才能更团结。

1　谭小芳.关心下属对领导而言是一种很重要的修养[A].中华品牌管理网，2012（6）.

5. 适当的时候，满足下属的合理需求

领导关心下属并不一定是有求必应，或者不断地提高他们的待遇，因为人的需求是无止境的。一个合格的领导者，要知道下属真正的需要，并在适当的时候投其所需，这样才能让下属感到自己无时无刻不在被领导关心着。

日本麦当劳总裁藤田善于感情投资，他对待员工非常和蔼可亲。他把每个员工的生日定为那个人的公休日，这一天不管有多忙，他都会让员工回家跟自己的家人一同过生日。另外，他每年还出资巨款给医院，作为保留病床的基金。当公司的员工或其家属生病、发生意外时，便可立刻住院接受治疗，这不仅方便了员工就医，还免去了临时找不到床位的窘迫，同时更避免了在多次转院途中发生危险。

有人曾问藤田，每年住院的员工毕竟是少数，却要给医院那么多钱，不是很浪费资金吗？藤田回答说："只要能让员工安心工作，没有后顾之忧，对麦当劳来说就不吃亏。"藤田的信条是：为职工多花一点钱进行感情投资，绝对值得。

人际指南

下属是人际关系中的基础。华人首富李嘉诚曾说："虽然领导受到的压力较大，但是做领导所赚的钱，已经多过员工很多，所以我事事总不忘提醒自己，要多为员工考虑，让他们得到应得的利益。"这也许应该是每一位领导者都应该持有的待人之道吧。

第 107 讲　解雇员工如何说

传说在古代埃及，如果信使给法老送来好消息，法老就会像欢迎王子那样款待他；如果送来的是坏消息，就会被砍掉脑袋。善于社交的人，跟别人说不好的事情时，会将心比心，尽可能采取同情的姿态，尽可能地不刺激、不伤害对方。

有些人对不幸的消息缺乏抵抗力，尤其是年老和体弱多病的人，因为不幸的消息可能会给他们带来致命的打击。这时，就不应该将坏消息一次性告知对方，应该采取渐次渗透的办法，分几次把坏消息透露出去，一次比一次严重一些，这样就能够增强他的承受能力，最后说出实情的时候，对方就不会感到突然了。

在和员工说对方被解雇的时候，领导者需要分三个层次来传达这种信息。首先，说些积极的事，比如"你这段时间以来是我们团队中的宝贵一员，我想让你知道，我很感激你所做出的贡献"。下一步，继续讲坏消息，告诉他们，你不得不减少亏损，解雇一些人或是在某些项目上降低支出。然后停顿一下，等待你的话被对方听进去。第三步，声明你会怎样帮助那些被解雇的人。比如，你设置了专门的人来教他们如何编写自己的简历、寻找新工作等。

加利福尼亚一家工厂的领导讲到他所知道的一个讲话极讲究策略的人："他就是我的第一个领导，也是他解雇了我。他把我叫了进去，对我说：'年轻人，要是没有你，我不知道我们以后会怎么样。可是，从下星期一起，我们打算这样来试一试了。'"

请千万记住不要用伤感情的字眼。下级被降职，心里本来就非常不痛快了，上级再用词不当，甚至恶意地嘲讽对方，无异于给下级的满腔怒火再浇上一盆油，使其顷刻就爆发出来，造成难以想象的后果。也不要等事情成了定局,再吞吞吐吐透露出要调他走的意思,会使下级误会是你想把他赶走,造成心理上的不平。

人际指南

> 领导对下属应当多一些人文关怀,放下架子主动接近下属,常交流、多谈心,了解他们的近忧远虑,诚心诚意、力所能及地帮助他们解决工作和生活中的难题;切忌以领导自居,划清领导与被领导的界线,高高在上,拒人千里。

第108讲 把下属拧成一股绳

团队领导由于不知道如何建设高效团队,于是只好大声呼喊:"我们一定要加强团队合作,要讲奉献,要上下拧成一股绳,我们的工作则无往而不胜。"喊口号可以,但效果却不佳。

卓越领导者如一块巨大磁石,能将团队成员吸引到自己身边,而且牢牢抱成团。

1. 高尚品格是非凡凝聚力的基石

美国国际电报电话公司总经理哈罗德·杰尼的成功故事,起初他只是一个出身平平、做过会计、半工半读8年才取得大学文凭的普通人,但他却以非凡的领导能力影响了一大批有才华的人,他说:"作为一个领导,激发部下干出好成绩的最好方法在于平时用一言一行使他们相信你全心全意地支持他们。"他把极高难度的工作发配给下属,一旦下属出色完成任务,杰尼一定会大加赞赏,而且总是恰如其分:如果下属是因为聪明而完成任务的,杰尼会赞赏他的聪明才智;如果下属是靠苦干而成功的,杰尼就会表扬他的刻苦精神。

对每个人来讲,最重要的是人格,而对一个领导者来说,最重要的则是人格魅力，这体现在气质美、语言美、行为美上的融会贯通。魅力型领导者是指具有自信并且信任下属，对下属有高度期望，有理想化的愿望，以及使用个性化风格的领导者。其特质包含：（1）有能力陈述一种下属可以识别的、富有想象力的未来远景；（2）有能力提炼出一种每个人都坚定不移赞同的组织价值观系统；（3）信任下属并获取他们充分的信任；（4）提升下属对新结果的意识，激励他们为了部门或组织而超越自身的利益。

这种领导对下属的情感号召力，可以鲜明地达成某种共识，有未来眼光，而且能就此和下属沟通，激励他们的工作热情。

2.有效激励是打造凝聚力的保障

当今是团队作战的时代，一个企业仅靠个人的能力难以生存，唯有团队的智慧和力量，才能使其获得长远的竞争优势和发展潜力。一个优秀的、具有凝聚力的团队才具有战无不胜的竞争力。如何采取激励措施，最大限度地发挥每个成员的潜力，是团队的任务之一。团队之所以需要激励，原因在于潜力处于一种应激状态，只有加以激励才能发挥出来，成为一种现实的凝聚力。[1]

要把下属凝聚成一个整体，不仅要化解下属之间的矛盾，还要把他们团结在自己周围。企业管理和运作必须是一个团结一致的团队。使部下心往一处想，劲往一处使，拧成一股绳，是使工作取得成效的基本保证。有了团结一致的团队，再大的困难也能克服，再艰巨的任务也能完成。这样的领导者，当然会取得突出的成就。

人际指南

没有足够的人才不行，有了足够的人才而不善于把他们组成一个团队也不行。

1　吴学刚.凝聚力 [M].中国致公出版社，2009（9）.

第十三章

客户是你的黄金朋友圈
——与客户的人际交往技巧

第 109 讲　让对方体会到自己被尊重

如果说尊重别人是一种美德，那么尊重客户就是一种规则，我们必须遵守。沃尔玛创始人山姆·沃尔顿曾说过这样一句话："客户想惩罚你很简单，不到你的商店买东西就足够了。"所以，我们对客户要充满敬意，用优质的产品和服务去回报信任你的客户。

对客户的尊重一般体现在对待客户礼貌周到，比如：

（1）面带笑容，亲切、热忱地对待客户，让他产生良好的印象。

（2）倾听，不要急于反驳客户的观点。即使客户的观点是错误的，也要等到他讲完了以后再解释，不要在客户提出意见的时候急于争辩。

（3）碰到客户正在忙，无暇接待时，应该懂得有所进退或留下名片，择日再拜访。

（4）真诚。如果真有问题发生，那么首先要勇于承认自己的错误，然后询问客户他比较满意的解决方法或者提出自己的解决意见。不要为了避免承担责任而把所有的问题都推给别人或第三方，甚至是"莫须有"的不可抗力。请记住一点，客户也是人，也有脑子，也会分析问题。

（5）着装。西装革履加公文包是大多数人约见客户时的形象。在很多时候这固然是一个不错的选择，但也有例外。当你的着装与对方反差太大时，有时候也会使对方不自在，从而在无形中拉开了彼此的距离。所以，在你为约见客户而选择着装时，最好先观察一下自己拜访的对象。最佳的着装方案就是：只比客户好"一点"。这样既能体现对客户的尊重，又不会拉开彼此的距离。

（6）无论你与客户的关系如何亲密，在第三者面前都要特别让客户保有自尊，始终保持礼貌。

（7）对于初次拜访的客户，勿将对方的姓名及职称说错。若不知对方的姓名及职称，可请教对方名片或技巧性地询问公司其他人员。

（8）永远比客户晚放下电话。销售员工作压力大，时间也很宝贵，尤其在与较熟的客户电话交谈时，很容易犯这个毛病。与客户叽里呱啦没说几句，没等对方挂电话，就自己先挂了电话，这样客户心里肯定不愉快。所以，永远比客户晚放下电话也可以体现对客户的尊重。

（9）适时地调整说话方式。保持相同的谈话方式，也是一个成功人士必须注意的。一些业务员思维敏捷，说话不分对象，永远口若悬河，即便碰到上了年纪的客户也是如此。这很容易让对方跟不上你的思路，根本不知道你在说什么，由此引起反感。因此应该根据客户的习惯调整自己的说话方式。

（10）即使业务未谈成，也要礼貌表示感谢。

（11）对于客户的各种询问都要和气、耐心地回答，愉快地应对，尽量避免用反问语气。

（12）取出商品资料与客户研讨时，勿将客户桌上的东西弄倒，尤其是茶杯之类。[1]

（13）关心对方的工作，是与客户建立良好关系的又一条捷径。哪怕只是引导对方谈一下自己的工作，你也能由此获得对方的好感。

一位新来不久的擦鞋工很用心地擦好每一双鞋，但是他每天赚的钱还是远不如其他同行多，他为此感到很困惑。

一个下雨天，一位企业家来到这位擦鞋工的摊位前，说道："请给我擦一下鞋。"

擦鞋工抬头看了一眼这位企业家，说："擦一般的吧？"企业家看着眼前这位擦鞋工不解地问："为什么不让我擦最好的呢？""因为在下雨天擦皮鞋，很少有人舍得花五块钱擦最好的。"

"其实你完全可以建议我擦最好的，因为在下雨天鞋更需要好好保护，不是吗？"企业家笑了笑，然后很客气地对新来的这位擦鞋工说。"嗯，

1　如何尊重我们的客户 [A]. 中国管理网，2011（2）.

是这样的。"擦鞋工好像明白了对方的意思。企业家微笑地看着他说："如果擦最好的，而又让别人在你这里感到了尊重，我想人们会更喜欢到你这里来擦鞋吧？""是的！"擦鞋工认真地点点头。

"那么当下一个擦皮鞋的人坐在这把椅子上时，你首先应该做的事情就是注意那个人的皮鞋，然后再看着那个人的眼睛，微笑着说'如果我没有猜错的话，先生，我想您一定是想让我给您擦最好的。'这样你的生意一定会比现在好很多。"

这个擦鞋工接受了这个企业家的建议，不久，他的收入也实现了飞跃。

人际指南

一次完美的商务交往，要建立在相互尊重的基础上，每个人都希望得到他人的尊重，商务合作伙伴也不例外。在商务交往过程中，合作伙伴之间既不是朋友关系，也非同事关系，所以，彼此尊重是必不可少的。

第110讲　多对客户做感情投资

培养情感不在礼重。建立客户档案、与客户成为朋友不是以金钱为手段，而是要靠人情打动。人是一种有感情的动物，互相之间每时每刻都进行着感情交流。在许多人眼里，商场就是战场，这里无商不奸，充满尔虞我诈，没有什么人情存在。其实不然，要想在激烈的市场竞争中不被淘汰，你必须学会感情投资，广交朋友。善于用情，把顾客当朋友相待，踏踏实实地诚信经营，天长日久，你的生意就会获得意想不到的成功。

客户忠诚度的培育离不开公司在客户身上的"感情投资"，也就是我们通常所说的人际关系。长久的客户关系的维护必然需要让客户从情感感受到被人关怀、受人尊重。企业对客户进行感情投资的实例非常普遍，例如某些大型企业会成立一些大客户俱乐部，并定期举行茶话会，还举办一些类似于高尔夫球比赛的活动。这样 20% 的黄金客户不仅从情感上受到了尊重，而且也从物质上获得一些收益[1]。

通过请客吃饭、旅游等物质投入为媒介，加深对客户的了解和熟悉程度，摸透他的性格，找出他最关心的事，最牵挂的人，最想解决的事，然后对症下药，不断在交流与聚会中加大感情投资。

1. 将客户变成你的朋友

要从心中把你的目标对象默认为朋友，再去发展友好关系。当你把他变成你的朋友后，自然而然，你的业绩便开始提升。

2. 关心客户的家人

一个人活在这个世上，最亲近的人莫过家人，一个人的所作所为很大程度上会受家人的影响，因此，客户经理要学会关心客户的家人。例如平常与客户交流时，可以在对方不经意的谈话中记下其家庭成员的状况，比如生日、特殊日子等，在适当时候进行问候。比如："您儿子今年高考了吧，一定考得不错吧？""您女儿一个人在厦门上班会经常打电话回来问候你们二老吧？"诸如此类细小、亲切的寒暄问候，最有利于拉近人与人之间感情，营造温馨的气氛。

3. 还要懂得细心沟通

客户经理在平时拜访客户、提供服务时，就应当注意收集客户的点点滴滴信息，用笔记下，不以事小而不为。在与客户沟通时要懂得倾听客户说话，不要轻易打断他的话，必要时还可以做一些笔记，既能防止遗忘，又能表明对客户的重视[2]。

我们无论多忙，都要兼顾身边的人，在做生意之外，要适当地进行感情投资，对他人多一份关心，多一份帮助。即使生意没成，也能互相

---

1 感情投资和 CRM 系统一个都不能少 [J]. 客户世界，2005（5）.

2 黄旺添 . 以感情投资提升客户服务 [A]. 烟草在线，2010（11）.

体谅，互相欣赏，做到"生意不成情义在"。那么，总有一天你们会有机会合作成功的。

感情投资的回报率是很高的，日本麦当劳的社长藤田在他的书《我是最会赚钱的人物》中，将他的所有投资分类，逐一研究回报率，发现感情投资在所有投资中花费最少，回报率却是最高。

人际指南

"感情投资"要经常实施，不可似有似无。

第111讲　客户的面子永远是正确的

沃尔玛的创始人山姆·沃尔顿说："事实上，顾客能够解雇我们公司的每个人，他们只需要到其他的地方去花钱，就可以做到这一点。"在中国，由于沃尔玛在行业的影响力，"顾客永远是对的"传遍了大江南北。

在与客户的长期交往中，难免会有一些不近人意的地方，出现分歧、出现失误的时候也在所难免。所以，一定要有正确的心态：客户永远是正确的。但是只要敢于面对失误，主动承担责任，客户也会对你尊重有加，你与客户的关系也会得到更大的改善，彼此间也容易建立牢靠的友谊。

学会为客户保留面子，是与客户沟通的一条基本原则。你每给别人一次面子，就可能增加一个朋友；你每次驳别人一次面子，就可能增加一个敌人。美国纽约市泰勒木材公司的推销员克洛里，因为"当面指责客户过错"，得到许多深刻的教训。他说："多少次上当吃亏，使我认识到，当面指责客户是一件多么可笑的事。你可以赢得辩论，但你什么东西也卖不出去。"

"面子"是一种典型的中国社会心理现象，"面子"时常支配中国人的社会行为。作为销售人员，如果要想提高自己的销售业绩，就要充分考虑客户的"面子"。中国人的"面子"支配着自身的社会行为。销售人员要提高服务质量，就要学会与客户打交道，真正贯彻以客户为中心的思想，充分考虑客户的"面子"，同时还要考虑同行的"面子"，利用"面子"的积极作用来创造价值和财富。

齐格·齐格勒是世界上最伟大的销售大师之一。一次，齐格·齐格勒上门到一位客户家推销一种炒锅。就在他和客户快要谈拢生意的时候，该客户的儿子正好从外面回来。

男孩一看父亲选中的那口锅，马上说："不要这个锅。太难看了，用起来也不方便。"

男孩的父亲一听儿子这么说，马上就犹豫起来。齐格·齐格勒发现这个男孩只有十七八岁，知道他正处于自以为是的年龄阶段。但是从孩子父亲的反应来看，又发现孩子对他的影响是不容忽视的。齐格·齐格勒心里明白，这次销售成功与否的决定因素就在于这个男孩了。

于是，齐格·齐格勒亲切地和男孩攀谈起来。他拿出产品的大样图纸给男孩看，让他挑选自己喜欢的类型。结果，男孩一下子就看中了其中的一款，他指着那款小巧精美的锅兴奋地对齐格·齐格勒说："你瞧，这个多好，比我爸爸选中的那个好看多了。"

齐格·齐格勒看着那款造型漂亮、容量却很小的锅，微笑着对男孩说："是啊，这款锅的确漂亮。不过，会不会太小了呢？"男孩想了想，也认同地点了点头。

于是，齐格·齐格勒找出一款和男孩选中的款式相同，容量却更大的锅对他说："你觉得这个怎么样呢？和刚才你选的那款一样，只是更大些。呵呵，你这么高的个子，那口小小的锅恐怕还不够你一个人吃吧？"

男孩一听，挠挠脑袋，不好意思地笑了起来。最后，男孩和他父亲一致决定买下齐格·齐格勒为他们选中的那口锅。

在服务业上，著名旅馆家斯塔特勒早就提出："客户永远是对的。"他认为，不管什么原因，服务人员都不应该和客户争吵，否则会永远失去客户。

销售商品时，销售人员最忌讳的就是指责客户，与客户发生争执，销售员必须保全客户"面子"。世界上有许多人，明明知道自己错了，却死不认错，其深层意识就是为了保全"面子"。不当面指责客户，不与客户发生冲突，自己的调子低一点，永远保持礼貌、谦恭，这并不意味着低人一等，而是一种沟通的艺术。

人际指南

主动承担责任，保持"客户永远是正确的"的心态。

第112讲　努力建立一种信任关系

销售人员经常会问："我如何在第一次与客户的接触中就能获得订单？"或者"我如何在与陌生客户接触的第一通电话中就能获得高层人员或主要决策者的约见机会？"这种愿望当然是好的，但一定要明确一个问题：如果你还没有与客户建立起信任关系，就想获得订单或者约见的机会，那几乎是不可能的。当然并不排除有一小部分销售人员能够做到，但大多数情况下是无法如愿的。试想，你和一个陌生人第一次见面，他要你的信用卡和密码，你会告诉他吗？[1]

在中国商业社会，最困难的是与客户建立信任的关系。由于没有信任关系，你不得不时刻保持警惕，以免掉入陷阱，但这必然要增加交易成本。比如中国货币常出现假钞，以至小商店里都摆放着验钞机。中国人之间缺乏信任导致交易成本高的另一个最好写照是：我们在酒桌上所花费的资源惊人。陌生人在短时间欲成为熟人，只能靠在饭桌上一起伸筷、

1　张搏. 赢得客户的 12 个关键电话 [M]. 人民邮电出版社，2009（1）.

一起喝酒、一起大醉的象征性经历来达到目的，让交易得以顺利实现。[1]

1. 闯过形象关卡

认识客户是客户关系发展的第一个阶段，可是很多销售人员却不能通过这一关，原因是不能给客户留下好感。客户对销售人员的第一印象来自他的外表，因此穿着打扮就是关键。销售人员可以根据场合以及与客户的熟悉程度，改变自己的着装方式，但是在正式场合和拜访陌生客户时，专业的着装是必不可少的。

2. 有熟人牵线搭桥，是与客户建立信任关系的捷径

虽然它对你销售的成功不一定起着决定性的作用，但确实缩短了双方从陌生→熟悉→信任的时间。所以工业品销售人员在初次拜访的开场白中，告诉客户我是某某（可以是对方的熟人、朋友、领导等）介绍来的，的确可以起到意想不到的效果。

3. 拜访拜访再拜访——反复出现，关系是跑出来的

尤其是同质化和标准化产品，比如制造原料。当服务和价格都没有太大差别时，销售人员跑得越勤，成功的可能性就越大。我在做销售人员时，客户对为什么选择我们的产品的说法也很直白：其实都是大厂的产品，质量、价格也差不多，可你一周来三次，打十二个电话，怪不容易的。但也要注意掌握频率，每次见面都有借口，每次拜访都要留下伏笔（下次拜访的借口）。[2]

4. 保持一致

客户对你的信任取决于你在客户面前的表现，保持行为的一致性，而且这种坚持不随时间而改变的。如果客户可以推测你的行为，他们会更愿意信任你。

5. 有真正的对话

每个会议都应该是真正的交谈，而不是销售言辞。在每个客户会议

---

1 陆和平：中国商业环境下如何与客户建立信任关系 [A]. 凤凰网财经，2009（5）.

2 诸强华. 如何与客户建立相互信任的关系 [A]. 中华品牌管理网，2013（3）.

上至少花上一半的时间倾听，确保谈话是有实质性内容的，也是关于真正业务问题的。千万不要陷于办公室的客套话，以及运动场所的闲扯。

与客户建立起基本的信任关系后，你要收集的信息就更加多，更加包罗万象，来源也将是更多方面的。你从一开始就要明白，只有当客户信任你的时候，他们才会想让你知道。你了解得越透彻，越能满足客户需求，客户就越信任你。慢慢地，双方的隔阂就会消除，而你自然而然就成了客户所需要的合作伙伴。

人际指南

> 与客户的任何一次接触，无论是通过电话、邮件、传真还是其他方式，都一定要致力于与客户建立长期信任的关系！

第113讲　尽量使用积极措辞

销售的核心是说服，说服力的强弱是衡量推销员水平高低的标准之一。很多时候，滔滔不绝不但不能说服客户，还有可能引起反感。

真正的说服需要技巧，那些真正具有说服能力的推销员并非都能口若悬河、侃侃而谈。只要掌握方法，一个呆板甚至说话结巴的销售人员都能具有超强的说服力。具有说服力和感染力的语言，首先必须是积极的。

具体地说，销售人员应会主动使用这样的词语：贵公司、质量、服务、优秀、价值、省钱、经济耐用、有用的、安全、新颖、帮助、技术支援、建议等积极的词语。相反，消极的态度将会导致下列词语的出现：困难、复杂化、未经验证的、实验阶段的、麻烦的、有问题的，等等。销售人员应避免使用这些消极的用词。

1. **"很抱歉让您久等了。"**

"很抱歉让您久等了。"

这是感谢客户等候的时候常用的说法。这"抱歉久等"实际上在潜意识中强化了对方"久等"这个感觉。

而比较积极的表达是：

"非常感谢您的耐心等待。"

换了这种表达感谢的方式，就不会强调"久等"这个意识，而是感谢客户的等待，那么客户一般都会很习惯地说："并不是很久。"这就比客户听到抱歉后说"没关系"要好得多，因为此时销售人员还是处于主动地位的。

同样，我们应该避免这样的表达："我将对您完全诚实。"这样说就隐含着你可能并不总是诚实的意思。

类似的，不应说"您可能还没有听说过我们"，而应当说："您当然已经感受到了 ×× 公司对零件制造业的贡献。"

2. **"您是电脑维修部的负责人吗？"**

"电脑维修部是您负责的吗？"

"您是电脑维修部的负责人吗？"

乍一看这两句话没什么太大的差异，只是在词语的顺序上有些不同而已。但就是语序这一细微的变化使客户的感受变得不一样了。第二句比第一句感觉更舒服些，如果回答的人是该负责人，他就会感觉："我很出名啊，连外人都知道我是维修部的负责人啊！"如果不是的话，对方会觉得："他看我像是维修部的负责人，那就说我有一副官相，以后肯定会出名的！"那么不管他是不是你找的人，他都会积极地配合你。

下面的例子也是同一道理。

假如客户在电话中告诉你：

"我觉得你们的专长是战略咨询，而不是人力资源管理咨询，我们需要人力资源管理咨询方面的专业公司。"这时你可能会说："我了解您的想法，我们虽然只有几次人力资源管理咨询项目的经验，但我们丰富的管理咨询经验会帮助您实现项目目标……"

如果你换种措辞，用积极的方式来表达的话，可能就是另一种效果：

"我了解您的想法，我们已经在人力资源管理咨询方面有过成功的项目经验，再加上我们在其他项目领域的丰富咨询经验，一定会帮助您实现项目目标……"

3."问题是那个产品都卖完了。"

当客户要求订货，而恰巧他要的那种型号的产品没有了，你可以说：

"由于需求旺盛，我们暂时没货了。"

"问题是那个产品都卖完了。"

显然，前一种委婉回答，比后一种回答效果要好得多，同时还给自己的产品做了一把广告：我们的产品都到了供不应求的地步了！

再来看一下一些不同的措辞：

消极用语：你怎么对我们公司的产品老是有问题？

积极用语：看上去这些问题很相似。

消极用语：我不能给你他的手机号码？

积极用语：您是否向他本人询问他的手机号。

消极用语：我不想给您错误的建议。

积极用语：我想给您正确的建议。

消极用语：你没有必要担心这次修后又坏。

积极用语：你这次修后尽管放心使用！

人际指南

不同的措辞传达着不同的信息，你对词汇的选择往往表明你对客户和产品的态度。销售人员要尽量使用积极的措辞，要准确地记住潜在客户的名字，要充满敬意地称呼客户公司的名称。

第114讲　保持热情的乐观态度

21世纪是营销的时代，营销最重要的一个内容就是服务营销。成功的销售员不是为了完成一次交易而接近客户，而是把客户当成自己的终身朋友，建立长期的服务关系，并且借助客户的成功帮助自己成功。

他们关心客户需求，表现为随时随地地关心他们，提供给他们最好的服务和产品，保持长久的联系。成功的销售员总是以诚相待，以信取人，以热情的态度面对每一个现有的客户和潜在的客户。

在进行推销时，只有充满热情的推销员才能让客户感受到你推荐的产品和服务的价值，也只有充满热情的推销员才能把自己积极、乐观、善意的热忱态度传递给客户。

如何做到保持热忱的态度呢？来看看以下两点：

1. 振奋自己

推销员可以通过回忆自己过去激情满怀的时刻来振奋自己。当所做工作缺乏趣味和挑战时，此法十分有效。推销员如果给顾客的第一印象是热情，那就有了一个极好的开端，并肯定会引起一些人的注意。这个方法既有效又简单易行，更重要的是它能大大加深人们的印象。

对"你好吗？"这样的问题，应回答："好极了！你呢？""棒极了！"或者是"好到难以置信！"这样，不论你好还是不好，都会将你的热情传递出去；而且这种回答能让人显得更加积极向上。要知道，没有人希望与消极、没有热情的人打交道。

当人们反问："为什么你觉得好极了？"你可以回答：

"因为今天遇到了你，所以我很高兴！"

"我真的很乐意帮助像你这样的人和像你们这样的公司。"

有一次，一个杂志推销员去拜访客户。她怀中抱了一大摞杂志，但她并没有把它们展开和催促客户订阅，而是看了看客户书桌，发现桌上摆了几本杂志。然后，她忍不住热心地说：

"哦！我看得出来，你十分喜爱阅读书籍和各种杂志。"

用短短的一句话，加上一个愉快的笑容，再加上真正热情的语气，她已经成功地使客户准备好要听她说了。

然后，她问客户定期收到的杂志有哪几种。

在客户向她说明之后，她脸上露出了微笑，把她的那些杂志展开，摊放在客户面前的书桌上。她一一分析这些杂志，并且说明客户为什么应该每一种都要订阅一份。

她还温和地暗示："像您这种有地位的人物，一定要消息灵通，知识渊博。"

她的话确实是真理。于是，她离开时，便带走了客户订阅这六种杂志的订单。这其中的奥妙就在于，当这位聪明的女推销员一进到书房，说出那段开场白后，客户就从她身上感受到了那股热忱，并被打动了。

2. 用乐观的态度审视所处情境

在生活中，人们往往把拥有健康、成功和其他一些积极的方面视为理所当然，而将自己的注意力专门集中在那些不顺利的事情上。若总是过多地为那些实际上并不重要的东西而担心，你的热情将会消耗得一干二净。因此，每天花上几分钟来重新审视自己的生活，多多感谢生活中遭遇的一切，并从中吸取力量，就一定能够度过那些可能面对的曲折。

有位推销员，当客户拒绝他后，他站起来，拎起公文包向门口走去，突然，他转过身来，向客户深深地鞠了一躬，说："谢谢你，你让我向成功又迈进了一步！"

客户觉得很意外，心想：我把他拒绝得那么干脆，他怎么还要谢我呢？好奇心驱使他追了出去，叫住那位小伙子，问他为什么被拒绝了还要说谢谢？那位推销员一本正经地说："我的主管告诉我，当我遭到40个人的拒绝时，下一个就会签单了。你是拒绝我的第39个人，再多一个，我就成功了。所以，我当然要谢谢你。你给了我一次机会，帮我加快了迈向成功的步伐。"

这位客户被小伙子的热情所感动，最后不仅购买了他的产品，还给他介绍了好几位客户。

人际指南

积极与热忱是会感染人的，销售人员不但能将积极、热忱传播给客户，同时也能将此刻的积极与热忱感染下一刻的自己。因此，每天早上起来的第一件事就是告诉自己要积极、热忱。

第十四章

亲人是你永恒的朋友圈

——与亲戚的人际交往技巧

第 115 讲　利用好亲戚关系

亲戚关系实际上是一种基于血缘而形成的关系，这种关系存在的前提是人口的数量。人越多，亲戚越多，关系也就越复杂。尽管亲戚关系有远近，可这种亲戚关系作为一种社会力量，在人际交往中的作用不可小觑。从古代的"一人得道，鸡犬升天"，到如今的政治联姻，无不是建立在亲戚关系的基础之上。从某种程度上说，亲戚关系不过是中国"熟人社会"的一个缩影而已。

战国时代，各诸侯国的联姻，其根本目的就在于寻找联合，寻找一种亲戚关系。公元前 287 年，楚国陷入了秦、赵、韩等国的围攻，眼看都城郢就要被攻陷了，楚王焦急万分，这时一个叫钟和的大臣建议道："大王何不派人去求助百越族呢？想当初大王不是嫁了一位女儿过去吗？"百越族个个骁勇善战，是一个战斗力很强的民族。

百越族首领听到这个消息后，欣然允诺相助，立即下令调遣各个部落的士兵组成一支两万人的军队前去楚国。最后，在百越族的大力支援下，楚国不仅保住了都城郢，还一举击溃了秦、赵、韩三国联军，取得了决定性的胜利。[1]

蒋介石做了"中华民国"的委员长后，中国随即迈入蒋家王朝时代。蒋介石借联姻进入宋家的亲情圈子，实现了军事力量、财力与对外关系的最佳配置和结合。蒋宋结合，首先是一桩政治联姻。"革命尚未成功，宋家尚有一女"，并非仅仅是戏言。

蒋介石有了同乡圈子、师生圈子圈住陈诚还不放心，他还要再选一个亲情圈子完全套牢他，让他一辈子死心塌地地为自己的圈子效命。

汤恩伯先与陈仪建立了亲情圈子，然后又进入了蒋介石的核心圈子。

1　邢群麟，许长荣．人脉存折 [M]．中国纺织出版社，2011．

蒋宋联姻"是一项有预谋的政治行动"。

1927 年 12 月 1 日，上海各大报都刊登了署名蒋中正，题目为《我们的今日》的文章。文中这样写道："余今日得与余最敬最爱之宋美龄女士结婚，实乃余有生以来最光荣之一日，自亦为余有生以来最愉快之一日。余奔走革命以来，常于积极进行之中，忽萌消极退隐之念，昔日前辈领袖常问余，汝何日始能专心致志于革命，其他厚爱余之同志，亦常讨论如何而能使介石安心尽革命之责任。凡此疑问本易解答，惟当时不能明言，至今日乃有圆满之答案。余确信余自今日与宋女士结婚以后，余之革命工作必有进步，余能安心尽革命之责任，即自今日始也。"

为什么要如此说呢？难道蒋宋结婚之前，他就没有尽"革命之责任"吗？

不过，蒋介石倒是直言不讳地说出了为"革命工作"而结婚的政治目的。蒋与宋年龄相差十岁，性情不同，信仰各异，而且他已结婚三次，早已是有妇之夫，还有在上海滩鬼混的劣迹；宋此前也与留美同学刘纪文确定了恋爱关系。此二人为何能够不顾这些而走到一起呢？

唯一的原因就是实现政治野心的需要。

蒋介石看重的是，宋家与美、英等国的特殊关系和与孙中山的亲戚关系。此前，蒋介石虽然一直以孙中山的忠实信徒自居，但那只是上下级的关系，若娶了宋家三女儿宋美龄，那就与娶了宋家二女儿宋庆龄的孙中山变成了"一担挑"的连襟，成为真正的一家人了。这样继承孙中山的政治遗产，似乎更名正言顺一些。同时，也与娶宋家大女儿宋蔼龄的孔祥熙变成了连襟。作为晋商之后的孔祥熙卓越的理财才能也自然好为其所用了。当然，同样具有非凡理财之能的小舅子宋子文之受重用就更不用说了。蒋介石借联姻进入宋家的亲情圈子，等于实现了军事力量、财力与对外关系的最佳配置和结合[1]。

张先生是温州的企业领导，他一年起码要来回意大利两趟，因为他

---

1 田玉川 . 民国的官场圈子 [M]. 金城出版社，2011.

的家人都在罗马。其儿子儿媳从事服装买卖，而这些服装正是张先生在温州生产的。公司产品的海外代理商就是自己的亲人，这样的情形在浙江，特别是温州的中小企业中非常普遍。代理商质量的优劣往往能决定产品在当地市场的命运和前途。对于选择自己的亲人作为产品的海外代理商。

温州某光学有限公司最近打算在土耳其设厂，原因之一就是董事长的弟弟已经定居在那里。显然这种利用亲戚关系开展"走出去"的活动，是卓有成效的。

徐志摩 7 岁的时候，就已非常聪明，并且对语言及文学表现出浓厚的兴趣，但直到 15 岁，他还觉得自己在这方面的学习长进不大，因此迫切需要一位精于此道的老师来指点。可他小小年纪，身上哪来钱财去进行社交？

当他听说有一位叫梁子恩的人很有文学造诣，就想投入其门下学习，但苦于没有人从中引荐。巧的是，徐志摩的表舅与梁子恩是同窗好友，于是，他就前往表舅家请求表舅为其引见。但徐志摩的这位表舅是一贯不希望自己的外甥去学什么文学的，他很想让徐志摩去学医，他认为风月诗词之类的，只是闲时消遣之物罢了。

在与表舅的一番交谈中，徐志摩充分表达了自己的迫切愿望，他那坚定的语气，以及对长辈的谦恭之情，深深地打动了表舅，使表舅觉得这个外甥很有志向，最终答应了他。[1]

血缘关系是一个人与生俱来的一笔可贵财富，它就像我们身体里流动的血液一样，只要我们懂得去合理有效地运用，就可以少走很多弯路，并通过血缘关系的帮助更轻松地走向成功。

---

1 金海民.人脉的诡计 [M].九州出版社，2010.

亲戚资源是与生俱来就形成的，它是人际关系资源中最稳定、也是最牢固的资源。

第116讲　经济账上要清楚

亲戚是与自己有血缘关系或姻亲关系的成员，亲情就是基于这种直接或者间接的血缘关系而形成的一种情感。亲戚与朋友一样是人的一生中少不了的，也是除朋友、家人以外交往最多、关系最密切的人。

常言说："穷在闹市无人问，富在深山有远亲。"穷亲戚希望沾沾富亲戚的光，因为财大的、地位高的亲戚是很有吸引力的。地位低的人总是希望从地位高的一方那里得到一些帮助，因此富亲戚会害怕穷亲戚来攀亲戚，"粘"到他们。

俗话说得好："是亲三分向。"这是人们认同的一种价值观。其实，即使是现代，多数人在面对困难时采用最多的仍是这个方式。有困难了先找亲戚朋友，借钱也好，求助也罢，都是如此。再者亲戚是以血缘为纽带的社会群体，人们在求助这个群体时，会有一种安全感、亲切感。

对于属于需要归还的钱物，同样是不能含糊的。这是因为亲戚之间也有各自的利益，一般情况下应当把感情和财物分清楚，不要混为一谈。只要不是对方明言相赠的，那所借的钱物就要按时归还。在我们的生活中，有些人不注意这个问题，认为亲戚的钱物用了就用了，他们是不会计较的。其实这种看法并不正确，倘若等到亲戚要求归还钱物时，通常会影响双方的关系。

《泉州晚报》曾经有过这样的消息：吴某和弟弟合伙开办了一家运输公司，由吴某负责经营管理，结果连年亏损，资不抵债，于是，其弟将公司接手过来，准备东山再起。而吴某则要退出股份，并要求从公司抽出当初合办公司的资金。然而，一是因公司亏损严重，如果退资将导致公司倒闭；二是公司开办初期，谁投入多少是一个模糊的数字，并没有很好地计算和记录在册。故其弟不让其抽资，于是双方发生纠纷。某天，吴某借着酒劲，携带一把匕首到其弟家中讨钱。他们父亲怕兄弟相残，惹出祸端，赶紧报警。幸好警察及时赶到，制止了吴某的过激行为，避免造成进一步的伤害。在我们的社会中，这样的事情不算新鲜。这也是我们为什么要和亲人在最初就算好经济账的原因，不要等到最后想算的时候，算出问题来。

人际指南

俗话说："亲兄弟还明算账"，何况是一个只与你有那么一点血缘关系的亲戚？不要让彼此之间出现糊涂账。

第117讲　经常走动，加深感情

朋友聚会，一个叫小宇的朋友迟到了。大家问他做什么去了。小宇说，他姑姑的小姑子的侄子结婚，所以他去参加婚礼了……小宇的话还没说完，大家就笑得直不起腰，说这都八百辈子以外的亲戚了，还有必要去参加人家的婚礼么？也难怪大家笑，这样的亲戚关系还真是几扁担都抢不着的呢。但小宇却不这样认为，他不服气地说："笑什么，这亲戚关系是有点拐弯。但我这一去参加他的婚礼，我们不就成了朋友了？抛开亲戚不说，我去参加朋友婚礼，也说得过去呀。就因为今天的婚礼，我又认得了一位新朋友嘛！"

要维系亲戚这个人际关系，可能要比维系其他人际关系更加复杂。亲戚不像朋友，你觉得他不适合你，就一刀两断；血缘的义务和责任使你无法斩断这条关系链。亲人之间发生矛盾的几率可能比朋友还高，你不但要用感情去调和，还要用利益去调剂。无论如何，亲情到底是亲情，一旦有难，最可能伸出援手的还是这些亲人。所以，最好不要得罪亲戚，况且血浓于水，要懂得珍惜这份亲情。

俗话说："是亲三分向。"亲戚之间都有血缘或亲缘关系，这种特定的关系决定了彼此之间关系的亲密性。这种亲属关系，是一种永久性的关系，是一种客观存在。因此，人们应当与亲属保持联系。到了困难时期，亲戚也会向你无偿援助。

如果谁家和谁家断亲了，就如国与国断交一样严重。不要小看亲戚之间的走动，有时候，亲戚会帮你大忙。

走亲访友是最常见的一种交际形式，是人与人之间联络感情、扩大信息来源、增进友谊的一种有效方法。人一生都要面对诸多的困难和麻烦，多是靠亲戚朋友相互帮助，渡过难关。我们在潜意识中应该坚持"平时多走动，难时有人助"的原则。

有人说，我又不缺东西不缺钱，亲戚之间何必要常联系找麻烦呢？此话不对。纯洁真挚的亲戚关系是一种人情味比较浓的人际关系，不能蒙上金钱的庸俗幕纱。而且，在生活中互相关照、互相帮助，不仅仅关乎金钱，还有工作、学习、思想和生活。只有建立在亲切、亲近的经常联系的基础上，才能建立起正常的互帮互助的真诚关系。亲戚间缺少经常联系，就可能出现"远亲不如近邻"的局面。

为使走亲访友获得较好的效果，事先应做好以下几个方面的准备：

第一，要选择一个好的时间，否则会招人嫌。访问的时间最好是选择在节假日的下午或平时的晚饭之后，在这个时间里，主人一般都有接待来访的思想准备。

第二，要事先打招呼。当你决定要拜访某亲友的时候，事先最好告诉对方，问别人什么时候有时间，以便对方事先做好安排。

第三，对需要商量些什么事或请对方办点什么事，还要注意一点，就是你求别人给办的事，应该怎样说，怎样做，才会让对方觉得是合适的。这方面应该事先有个打算或设想。

人际指南

"远亲不如近邻"，就是说即使是亲戚之间，如果长期不联系，你和他们的关系可能还不如那些经常联系的朋友。可见，常与人联系是多么重要。

第118讲　求亲戚做事要知恩图报

在传统的亲戚交往中，往往存在着一种误区，那就是：亲戚关系是一种血缘、亲情关系，彼此都是一家人，互相帮忙办事都是分内之事，都是应该的，没必要像其他关系那样客套、讲礼。其实，有这种想法就是大错而特错了。血缘的关系虽说是"砸断骨头连着筋"，但亲情的维护与保持却在于彼此之间的相互帮助与知恩图报上。

对于亲戚的帮助要注意给予一定的回报，这既是加深感情的需要，也是报答对方帮助的必要表示。倘若忽视了这种回报，同样也会影响双方间的关系。

小王能力很强，一直想做大事情。某一天，他听闻村里的鱼塘要对外承包，他有心把池塘承包下来，只是手头的资金还不够。他想起了一位远房亲戚，按辈分应该叫老舅的，是县城有名的"土财主"。由于关系比较疏远，好长时间没走动了，贸然地前去请求帮助，事情肯定是成不了的。他决定先找机会，搞好关系后，再提出请求。他得知老舅的身体不好，总是得病，于是他找准时机，准备了一份滋养品，来到老舅家。

虽说两家好长时间不走动了，但今天外甥在自己生病的时候，拎了那么多的东西上门，这位老舅心里格外高兴："小子，你今天能过来，老舅我就别提多高兴了。今天中午咱俩喝两杯。"于是小王就留下热闹了一番。

这之后，小王也时不时地来看他的老舅。就这样，两家关系开始走近了。时机成熟后，小王拎了两瓶酒来到老舅那里，两人喝了起来。谈到高兴之处，小王面犯难色，说："您老人家对我真是太好了，我都不知道怎么说才好啊。"老舅则表示："我是你长辈，有困难尽管开口。"小王听后，故作激动万分之状，并连忙把承包鱼塘的事情说了。

老舅以长者的口吻说："好啊，有志气，有魄力，老舅大力支持，做人就应该干一番事业。想法很好，不过具体做时一定要慎重，年轻人千万不能急躁。"小王连忙点头称是，接着把资金短缺的事情也说了出来。最后，小王顺利地从老舅手里借到了3万元并承包了鱼塘。

承包鱼塘后，小王的事业就越做越大，他不但还了老舅的3万元，而且成立了自己的企业。但小王没有忘记老舅的帮助，依然隔三差五地看望老舅，两家的关系也越来越亲近。

人们总是渴望得到，这没有错。别人的赠予不但可以让你兴高采烈，但更让你得意的，恐怕还是那些随着这些"免费的午餐"而来的"被尊重"。但在接受这些的时候，你至少得让自己明白，天下没有免费的午餐，自然也不会凭空掉下馅饼来。若是把自己变成葛朗台，看到东西就挪不动步子，只进不出，那你可是在种苦荆棘，而且种下的苦果最终要自己来品尝。要看清了，是相互馈赠。

人际指南

假若有人爱占朋友的便宜，自己却一毛不拔，这就违反了游戏规则，是要挨板子的。

第十五章

老乡是你的地缘朋友圈

——与老乡的人际交往技巧

第119讲　老乡是天然的人际关系

自古以来，中国就有这样的传统，同姓或联姻的家庭同住在一处，比如林家村、李家村，同一村中大家既是邻居，又是亲戚，对外则都是老乡，彼此血缘承自一脉，都是一家人。

随着历史的发展，交通开始便利起来。因此，人们越来越不安分于传统的大家庭中，他们需要与不同姓或不同乡的人进行交流，迫切想到外面去走一走、看一看。就这样，人不断地出去，在异乡停留，定居繁衍。时间久了，同在异乡的人便根据地域自然形成一种关系，那就是老乡关系。

"月是故乡明，人是老乡亲。"中国人这种几乎执着的老乡观念，源自中国文化地域的明显差异。北方人粗犷，南方人细腻，这种在性格上的差异到了近乎不相容的地步。性格上的差异进而形成了职业地域的差异，例如"江南出才子，山东出响马"，"宁波出商贾，绍兴出师爷"。居住在同一地域的人，由于相同的特性，自然也会"同声相应，同气相求"了。

更何况人出门在外，难免孤独寂寞，但仅凭老乡的关系，我们就可能会在最困难的时候获得援助，包括心理上的和经济上的。生活在异地的人举目无亲，心理上常会缺乏安全感。由于地缘关系，彼此语言、习惯、风俗相近，与老乡生活、工作在一起，互帮互助，互相关心，会使生活、工作更愉快。

通过"地缘"形成的"朋友圈"，是指因居住于相同的地域形成的朋友关系，最为典型的当属"两眼泪汪汪"的老乡关系了。当然，老乡关系可以因所处地域的大小而进行划分，出了乡的同乡人是老乡，出了县的同县人是老乡，出了省的同省人是老乡，出了国的全中国人都是老乡。

有句唐诗写得好："独在异乡为异客，每逢佳节倍思亲。"在陌生的环境里，突然遇到一两个和自己操着相同方言的人，谁都会倍感亲切，不免要发一番感慨。

同乡身上和自己身上相同的人文背景和风俗习惯总能给人一种天然的亲近感，在同乡面前总能引发万千的感慨，所以"老乡见老乡"后"两眼泪汪汪"就是很自然的事情了。

军阀阎锡山是山西五台人，他历来重用老乡，亲信多为五台、定襄等地的晋北人。流传民谣："会说五台话，就把洋刀挎。"当初奉军横行北京时，谁要会骂一句地道的"妈巴子"，售票员都不敢要他买票。

历史上，晋商之所以能够辉煌 500 年，就与他们重视乡情有极大的关系。晋商在经营活动中十分重视发挥乡情的力量，他们以家族宗法与乡里之谊，以会馆地域行业之便，以崇奉关公、讲义气、讲帮靠来协调人与人、商号与商号之间的关系，进而增强团结，逐渐形成了以血缘、地缘为纽带的商帮。

晋商群体组织是按地缘和业缘结成的商帮，足迹所到之处，都建有会馆，既充作他们聚会叙"同乡情"之所，更作为"谈生意"的"中心"。"天下晋商是一家"，在与其他商帮竞争中，在与牙行（旧经纪人）及外商争斗中，晋商所表现出来的团结一致总让人惊叹和佩服。

生活在异地的人举目无亲，心理上常会缺乏安全感。由于地缘关系，彼此语言、习惯、风俗相近，与老乡生活、工作在一起，彼此互帮互助，互相关心，将会使生活、工作更愉快。懂得老乡的重要意义还不够，你还需要知道怎样利用好这层关系，然后用心经营，才不会浪费这份宝贵的资源。

人际指南

中国人都有乡土情结，老乡观念在人们的头脑中根深蒂固，所以，在涉及某些实际利益时，很多人都会让老乡圈子中的人受益。老乡在关键时刻可以影响一个人的发展前途，为此，你可以在同乡关系中多交几个朋友，拓宽自己的发展道路。

第120讲　异地见老乡，难时有人帮

中国人特别重视乡情，来自同一个地方的两个人会因此在他乡乃至异国彼此扶助，建立起感情或长久的关系。这种难忘乡情的行为自古有之。当今社会人口的流动性很大，许多人离开家乡到异地去求职谋生。身处陌生的环境里，拓展人际关系有一定的难度，那就不妨从同乡关系入手，打开局面。中国人的地域观念浓厚，在商业投资上，向来对老乡更具亲切感。李嘉诚就曾多次鼎力支持汕头企业。

如果你想借助圈子成就自己的事业，老乡绝对是不可忽视的一股势力。中国近代史上的重臣曾国藩，用兵只喜欢用湖南人；中国最能挣钱的徽商和晋商，到了外面做生意也首先认准老乡。因为共同的人文地理背景使老乡之间有一种天然的亲近感。假如你是一个离家在外创业的人，在外地遇到了困难，最保险的方法莫过于求助于当地的"会馆"，湖南人找湖南会馆，山西人找山西会馆，肯定没错。这说明同学资源和同乡资源是创业者最重要的两大外部资源。

众所周知，中国的温州人是有名的"生意精"，素有中国的"犹太人"之美称。谢福烈是四川温州商城的董事长，他是第一位到四川从事房地产开发的温州商人。如今，他的投资已经扩展到了乐山温州商城、三台

温州商城、营山温州商城、自贡温州商城……这些投资已经超过了7亿元。但是，谢福烈却没有向银行贷过一分钱的款，那么，这么多的资金都是从哪里来的呢？

谢福烈投资自贡温州商城时需要3亿元资金，但这么多的资金靠谢福烈的自有资金显然是不够的。于是，他把自己的计划向其他60多位温州老乡公布。结果，这些温州商人二话没说，集资凑足了3亿元。这个项目就这样被谢福烈和他的这些老乡们签下了。

中国的老乡关系是很特殊的朋友关系，也是一种很重要的人际关系。既然是同乡，当涉及某种实际利益的时候，"肥水不流外人田"的观念会让老乡"近水楼台先得月"。也就是说，必须按照"资源共享"的原则，给予适当的"照顾"。

据统计，在大城市外来流动人口中，有40%以上的人都是通过同乡关系相互介绍而获得工作机会的。王玲大学毕业之后，只身一人来到了北京。她跑了几天招聘会，都没有大的收获。这一天，王玲又一次来到招聘会，她看中了一家公司，没想到人家要招聘的是北京本地大学毕业的学生。她特别生气。正在这时，招聘的领导进来了，说的正是自己的家乡话。王玲走上前去，递上了自己的简历，说了几句简短的家乡话。这位领导看了一下王玲，低头看看简历，笑着说："哈，我也是这个地方的人，而且说起来我们还是校友呢！"他简单询问了一下王玲学校的情况，留下了王玲的简历。

想用老乡关系套近乎的王玲心里也不清楚自己有没有机会，没想到第二天就有人通知她去面试，面试考官就是她那位老乡。结果当然是顺利通过了。

人际指南

发展地缘人际关系不仅要学会把握对方的心理，同时还要懂得展示自己的能力。就算是同一个地方的人，如果

> 对方看不到你的价值，即使你们有着非常亲密的关系，对方也不会对你有多大的兴趣，更谈不上给你帮助了。
>
> 人际交往时良好的突破口就是"老乡"了，但认识不等于是你的人际关系，还要经常联系、沟通。

第121讲　用乡音打动他的心

在某种程度上说，乡情本身便带有"亲情"性质或"亲情"意味，故谓之"乡亲"。正如费孝通先生在《乡土中国》中所言："每一家以自己的地位做中心，周围划出一个'圈子'。"这个"圈子"，可以说是街坊、邻里，还有亲属；扩大一点，就是"乡里"；再扩大一些，同一县，甚至同一省，都是老乡。在国外，所有中国人都是老乡。

与陌生人见面，用家乡话打开老乡之间的情谊是一种独特的交友技巧。身在异乡，每个人都难免有恋乡之情，而且会"爱乡及人"。这时候，如果你用家乡话与老乡对话，对方哪有不欣喜之理？

因为地域的相似性，老乡之间一定存在一些共同的特点。这些共同特点之中，最明显、最重要的一点就是"乡音"。一种乡音，在异乡人听来，只不过是很普通的一种声音，但在同乡人听来，却异常亲切。因此，乡音在老乡关系上起着异常重要的作用。

在广州的某百货商店里，一位顾客对营业员说："请你把那个东西拿给我看看。"另一位苏北人听了这句话后，也用手指着货架上的一件商品对营业员说了一句相同的话，乡音使两位陌生人相视一笑，买了各自要买的东西，出了店门就聊了起来。看到他们的亲热劲，不知情的人怎么也猜不到是一句家乡话让他们一见如故。

不过，有一点值得注意，那就是运用这种方法的场合，最好是在异乡。因为在异乡才会有恋乡情绪。但是，在运用乡音时，必须要注意：

1. 适时利用"乡音"

如果是在正式的社交场合，就尽量少用"乡音"去找老乡，以引起对方的共鸣，否则会弄巧成拙。因为如果在正式场合中满口乡音，异乡人会诧异地看着你，从心底对你产生一种不自主的排斥感。

黎宛筠被好朋友带去参加他们的朋友聚会，到了目的地，她发现在场的人一个也不认识。刚好朋友出去接电话了，她一个人百无聊赖之际，听到旁边有两个人在用家乡话交谈。黎宛筠心想，不会是老乡吧？于是她试探性地问道："你们是哪里人？怎么口音和我们那的一模一样？""我们是湖南常德的。""我也是啊！"在外地见到老乡，这让黎宛筠感到非常亲切，那两个人也同样很高兴，于是他们高兴地聊了起来。最后得知，他们竟然还是同一所中学的，只是班级不一样而已，这下更是拉近了他们之间的距离。在聚会结束的时候，他们已经互相留下了电话号码和地址，并约好以后一起玩。后来他们成了很好的朋友，在黎宛筠失业之后，其中一个还把黎宛筠介绍到自己所在公司去。

2. 一定要真诚

运用这种方法时，一定要真诚，要用自己的真情实感去打动老乡。否则，他可能会以为你在说笑，甚至亵渎了他心中那份浓郁的乡情。这样，不要说引起他的共鸣，你要想再说下去恐怕都很难了。因此，与老乡交谈，特别是与久别家乡的老乡交流时，切勿乱开玩笑或说家乡不好，否则会引起他的不快，更别说处好关系了。

人际指南

要与一个久离家乡的老乡处好关系，有一个有效的技巧，就是运用你的语言技巧，与他谈起家乡的话题，以此来触动他的思乡情绪，与你产生共鸣，使彼此的关系更进一层。

第122讲 如何结识老乡

如今的人，工作和生活都有圈子。有一位作家说："朋友就是拿来用的。"清不清，家乡水；亲不亲，家乡人。喝一个地方的水长大，人不亲水还亲呢。受一个地方的文化熏陶，性格虽然各异，文化却有着藕断丝连的联系。话间有了乡音，更是万分亲切了。特别是同样到外地工作或上学的人，这种同乡的感情就更加强烈。

无论是什么原因，一个人只要离开了自己的家乡，离开了生他养他的土地，刚开始不会有什么感觉，但是时间一久，或在遇到不习惯的生活环境，或是遇到挫折，就会异常地感到家乡的亲切和美好。也许在这个时候，你才能感受到，自己对家乡有割不断、忘不掉的感情寄托，那是支持着所有游子外出闯世界的精神依托。所以，在许多游子的记忆深处，总会有一块属于家乡的领地。

浙江商人非常注重老乡，出门在外的浙江人都非常愿意照顾自己的老乡，诸如"浙江村"、"温州街"、"义乌小商品城"等，都是老乡互相支持的表现。正是这种老乡关系，让浙江商人走到哪里都有一种归属感，走到哪里都有人帮助，经商活动也因此才能够顺利地进行。

1. 多参加同乡会

当今社会人口的流动性很大，许多人离开家乡到异地去求职谋生。身在陌生的环境里，拓展人际关系有一定的难度，那就不妨从同乡关系入手，打开局面。在外地的某一区域，能与众多老乡取得联系的最佳方式当然是同乡会。

同乡会，顾名思义是同乡人的团体。同乡会的存在是有道理的。一方水土养育一方人，同乡间自然有割舍不了的乡情。大学里都经常可以见到某地区的学生组织"联谊会"，有些人或者会觉得他们落后狭隘，后来甚至发现有些教师也参与其中，更觉不可思议。但事实证明，他们那种同乡之间"抱成团"的思想还确实给大多数的同乡们带去了"实惠"。

大学时期一般会有老乡会，要善于利用前后几个年级的老乡资源。走出校门后，有一些地区也会在他乡建立老乡会，如北京就有宁波老乡会等许多组织（此类组织一般由当地企业资助），要积极寻找组织，拓展人际关系。如时间、精力允许，应在此类组织中担任义工。

"老乡会"的形式虽是松散的，但"亲不亲，故乡人"，这种同乡观念有一定的凝聚力，对内互相提携，互相帮助，对外则团结一致，抵御困难和外来的威胁。很多聚会也是如此，看上去是在玩，实际上却是一种积累人际关系资源的大好机会。

2. 上网结识老乡

如果没有合适的组织，可在网络上寻找相关组织。网络中的大型社区一般都有按地区分类的聊天室，可适当地涉猎、参与其中。

小西独自一人到上海打工，他的家乡在桂林，那儿的人们一般都去邻近的广东打工，因此在上海他难得遇见老乡。后来在家乡的某网站上，看到桂林人在上海的群，于是加入进去，才发现其实上海的桂林老乡也很多。自此每天挂在QQ上，和一群桂林老乡聊天吹牛，其乐融融。

群里的老乡聚会月月不断，还有各种活动。因为囊中羞涩，他一次也没有参加过。有人在QQ上"质问"，他就说，兄弟找工作找得焦头烂额啊！有热心人问，学的是什么专业，还给他好一番指导，之后更留下电话，说如果有机会，可以帮着介绍介绍。

小西原以为是客套话。那天突然接到老乡的电话,说某家杂志社招人，说他已经推荐了小西，人家急着要人，然后告诉小西那家杂志社的电话，让小西赶紧联系。小西半信半疑地打了个电话过去，然后就面试，最后竟然就签了合同。

**人际
指南**

有人曾说："老乡见老乡，有事好商量。"可见，老乡关系是一笔巨大的人际关系财富，所以，身在他乡的人，一定要善于搞好同乡关系。只要你运用得当，你就会广结人缘，这样需要老乡帮忙的时候，你就可以"近水楼台先得月"了。

第十六章

学脉最富情感最纯洁
——"同学圈"的人际交往技巧

第 123 讲　校友也是一种人际关系资源

校友是一种人际关系资源，也是一种感情投资。有时候明明是不熟的人，在闲聊中会问："你是个哪个学校毕业的？""我是 XX 学校的。""太巧了，我有个高中同学，就是你们学校的，不知道你们认不认识。"同学资源，不但感情上相互亲近，所从事的工作和领域大抵也是一样的（不包括小学同学和中学同学）。这种相近性使我们很容易就可以从同学那里得到我们想要的信息。

2011 年，北大企业家俱乐部成立。北大校长周其凤称，最近 11 年，北大校友中诞生了 79 位亿万富豪。企业家黄怒波是其中的佼佼者之一。1977 年，21 岁的黄怒波从插队的宁夏农村考入北大中文系，毕业后分配到中宣部，并在 1990 年荣升部党委委员。正当仕途起步之时，他却为了能"做一点自己想做的事"大胆下海，于 1995 年创立了中坤集团。从在读中欧国际工商学院时与同学一起掘取第一桶金到投身房地产。

曾经有一位哈佛教授这样说，哈佛为其毕业生提供了两大工具：一是对全局的综合分析能力和判断能力；二是哈佛强大的、遍布全球的校友网络，在各行业都能提供宝贵的信息和优待。在这么多精英人才组成的人际关系网络下，机遇自然是会有的。

小布什在学生会和社团组织里的锻炼，为他后来成功当选为美国总统打下了良好的关系基础。一个客观的统计是，在他当选美国第 43 任总统的所以选票中，有很大一部分来源于当年他在耶鲁和哈佛的校友，以及他参加的各种社团中的朋友和同学。这段经历还使美国政界诞生了一个有名的传说："如果你能叫得出自己母校 1/7 同学的名字，你就可以去竞选美国总统了。"

对于校友而言，相互提携的作用不可小觑，同学在人际关系网络中的地位也相当重要。在我国法律界有一个著名的"西政现象"。西南政法大学一度被称为政法界的"黄埔军校"。"西政"（西南政法大学的简称），一个地处内陆重庆的政法院校，曾经名不见经传，也没有悠久的历史。但这都不重要，历史在 1978 年恢复高考之后被改写。那一年，它以全国重点大学的身份成为当时全国四所政法院校中唯一恢复高考招生的大学。那一年，全国法律专业招生人数 729 人，其中西南政法大学招了将近一半。这些人成为了日后的大法官、大律师、大检察官、大学者……还有政治家。因此成就了著名的"西政现象"。

西南政法大学的毕业生遍布中国的司法实务界和学术界，现在的西政学生经常在闲聊时不经意地说上一句："最高法院中有一半人都是从西政出来的。"正是因为同学之间的互相推荐和联系，使得多数人能够走上成功的道路。因此，现在的人们也已经充分地认识到了同学是一种最重要的人际关系资源，于是在校的忙着建立人际关系，已参加工作的也纷纷回到学校参与各种培训。

对于校友来说，学校只是一个抽象的名词，你只是一个陌生人而已。因此，在与校友交往的过程中，一定要多寻找彼此在兴趣、爱好方面的共同点。熟悉的事物总能唤起人们心中强烈的温馨感和亲切感。不妨根据校友的背景谈一些对方熟悉的事物，这样就能够常常勾起对方的回忆，营造出一种温馨、亲切的氛围。当对方发现你娓娓而谈的正是他所熟悉的事物时，便会很自然地将你当成老朋友一样对待，也会更愿意相信你，为你提供良好的平台，并向你提供各类资讯和帮助。

人际指南

"20岁拼体力，30岁拼专业，40岁拼人际关系"，大学生虽处于"拼体力"的阶段，但是也不能忽视人际关系的重要性，毕竟 40岁时的人际关系也是年轻时一步一步积累而来的。如今大学生就业压力大，能在读书期间多交朋友，拓展人际关系，或许毕业求职时也能多条门路。

第124讲　师长让你站在巨人肩上

师友对曾国藩有很大的影响。唐鉴曾经教导曾国藩治学方法，告诫他读书要专一，要先进入门径，并指导他精读《朱子全集》，从而给曾国藩的理学思想打下了坚实的基础。因此，曾国藩虽然没有正式拜师，但一直对唐鉴以师礼相待。

"师长"这一类贵人对人的帮助和影响大多是精神方面的，他们或者为人指引前进的方向，或者在人受到挫折时给予支持和鼓励，或者教给人学习的方法和做人的道理……因此，这种帮助是耳濡目染、长期浸润的，能让人在无形之中得到发展和提升，并往往能达到"随风潜入夜，润物细无声"的效果。

很多时候，师长的一次提携，一个经验的分享，或者画龙点睛、临门一脚的提醒，可以让我们的路变得更加顺畅。

北大校花李莹在大学期间，就与男友周松波租了一间小办公室，成立贸易代理公司，做过一些生意。而今，可不一样，选择什么职业和工作将决定她的今后，乃至一生。好强的个性和执着的追求使她放弃了学校的分配，踏上了艰难的创业之路。

开始创业时资金不足，恰巧在北大留学读经济学博士的男友寒假回德国，结识了医疗器械公司的老板和卷烟公司的总经理，李莹就做他们的代理商。她一人既是经理，又管财务，还是仓库保管员。她对医疗器械和烟草一无所知，看厚厚的医疗器械说明书像看天书，在这两个行业的人际关系也是两眼一抹黑。她请人将说明书翻译成汉语，然后就硬着头皮跑医院，护士、医生、专家、主任都找——他们都是她的老师。

协和医院的专家指点她："心血管系统的医疗器械，阜外医院最需要。"她跑到阜外，中心主任看完资料说："你们行业竞争激烈，来找我们的人很多，但我很欣赏你的率真和热情。给你提个建议吧，3月份北京有个会，全国心脏外科150多位专家出席，你不妨去参加。"李莹在这次会议上认识了许多医疗器械专家，销售的大门也由此打开了。

2009年的央视春节联欢晚会有一个非常大的亮点，就是小沈阳和他的恩师——赵本山，与央视《星光大道》主持人毕福剑共同演绎了一幕精彩的《不差钱》。众所周知，之前的小沈阳并没有什么名气，可赵本山老师给了他一个在春晚展现才华的机会，更确切地说这是一次提携，为他创造了在星光大道上绽放光芒的良好机遇，并且最终一炮走红。据悉，当初小沈阳拜赵本山为师的时候，非常诚挚、主动、谦逊，因而能得到赵本山老师的厚爱。他春晚下来就跪拜恩师的感人场面，也是一个很有力的证明。

无论从精神的角度，还是从技能学习、人际关系的角度来看，遇到一位好老师，就相当于成功地站在了"巨人"的肩膀上，不仅看得高，而且看得远、走得快。所以，一定要尊敬你的师长，才能维系好师生关系，让你在"巨人"的肩膀上站得更高一些、更久一些，成就也会更大一些。

不仅如此，在学校里所受到的熏陶也是个人走向成功的要素之一。国泰基金总经理金旭对母校北大有着很深的感情，她说母校对于她的个人成长有着丰富的馈赠。北大给予她的第一份馈赠是让她学会了宽容。"在北大，每一个人都很有个性，都有自己的特色，因为每个人都那么优秀，如果不能学会宽容，就不能看到别人身上的优点，就不能从别人身上学到东西。因此在这个意义上学会宽容就不仅仅是一种挑战，更是一种收获，正如北大兼容并包的传统一样。"如今，这种宽容使得金旭总是以一种开放的心态去迎接外界的种种挑战。

北大给予她的第二份馈赠就是自由的意志。"勇于挑战权威，不被权威所左右，这是一个追求真理的过程。当然，前提是你自己需要有足够的本事，不能妄自尊大。"

北大给予她的第三份馈赠就是她的专业——法律。"法律的学习最重要的是使我养成了严谨的工作作风和比较缜密的思维方式，而由于我是学经济法的，所以对规范的基金市场运作是非常清楚的。"这一切都对金旭现在所从事的基金行业运作有着至关重要的作用。

人际指南

英国社会学家斯宾塞曾说过："成功的第一个条件是真正的虚心，对自己的一些敝帚自珍的成见，只要看出同真理冲突，都愿意放弃。"其实，这一招也是赢得师长帮助的最有效途径。

第125讲　"同学圈"：真诚相助的圈子

由于共同学习而产生的人际关系——学缘人际关系不仅局限于时间较长的小学、中学、大学的同学关系，随着人们现代交际意识的提高，各种各样的继续教育，甚至短期培训班，都蕴涵着十分丰富的人际关系资源。

公元8世纪，日本人阿倍仲麻吕留学中国，他回国时说，李白是我的同学是我的学长；公元20世纪，张五常留学芝加哥，他回国后说，弗里德曼是我的学长……看来，这些名人都不约而同地意识到了一点：同学是资源，用时髦的话说，是人力资源；拉上过硬的同学关系，即为优化配置资源。古往今来，莫不如是。

由于现代社会中人与人之间各方面的竞争越来越激烈，同学之间因为接触比较密切，彼此比较了解，同时因为少年人不存在利害冲突，成年人则大多数从五湖四海走到一起，彼此也甚少存在利害冲突，所以友谊一般都较可靠，纯洁度更高。

对于创业者来说，同学是最值得珍惜的最重要的外部资源之一，同学之间所构建的是人生一笔不可多得的关系资源，这对于一个人事业的发展具有不可替代的利用价值。人们在事业发展初期若能善用这些既有人际关系，一定会比从无到有的开发省时省力。

北京大学企业家俱乐部发起理事、中坤集团董事长黄怒波表示，北大企业家校友无论何时都要彰显北京大学的人格精神。他以北大企业家俱乐部为例，"北京大学企业家俱乐部在中国的俱乐部里面不是最强的，企业家也不是最优秀的"，但是在社会上却有着良好的声誉，原因就在于北大的企业家校友一直坚守着北大精神，这种北大精神在于主动承担社会责任。

黄怒波在斥资 3000 万元捐助北大新诗研究所之后，又在北大 110 周年校庆之际捐赠价值 1 亿元的大钟寺国际广场地产，设立"北京大学中坤教育基金"，用于资助北京大学人文学科的发展。这是新中国成立以来，北大接受的第一笔地产捐赠。

赫赫有名的《福布斯》中国富豪南存辉和胡成中就是小学和中学同学，一个是班长，一个是体育委员。后来两人合伙创业，在企业做大以后才分了家，分别成立正泰集团和德力西集团。一位创业者在接受《科学投资》的采访时说，他到中关村创立公司前，曾经花了半年时间到北大企业家特训班上学、交朋友。他开始的十几单生意，都是在同学之间做的，或是由同学帮着做的。同学的帮助，在他创业的起步阶段起了很大的作用。

同学关系对一个人的成功来说是一种非常重要的人际关系资源，有时在危难时刻，能够为你排忧解难的只有同学。

著名的长江商学院自成立以来，一直以"为中国企业培养一批具有世界水平的企业家"为己任，要为大中华地区造就一大批"世界级商界领袖"。于是，大批的知名企业家聚集到这里，除了学习新的管理理念，更重要的是积攒人际关系，拓展自己的圈子。

2008 年是蒙牛老总牛根生"悲惨"的一年，先是三聚氰胺使牛奶下架，紧接着就是股市暴跌，导致蒙牛抵押给摩根斯坦利的股份在价值上大为缩水，如果任由事态恶化，"蒙牛"这个牌子可能就被国外的资本大鳄买走了。

紧要关头，牛根生在自己的同学圈子里声泪俱下地写下"万言信"，哭诉自己的窘境。信一发出，国内企业家纷纷出手相助，柳传志连夜召开董事会，48小时之内就将2亿元打到了"老牛投资"的账户上；俞敏洪闻讯，火速送来5000万元。傅成玉先生打来电话说，中海油备了2.5亿元，什么时候需要什么时候取。田溯宁、江南春、马云、郭广昌、虞峰、王玉锁等人纷纷表示，随时可以伸手援助。一时间帮助蒙牛成为热潮，同学圈子成了"老牛"的救命稻草。

北京大学光华管理学院目前有6个EMBA班，其中3个是由诺基亚公司出资办的。光华管理学院与诺基亚公司合办的EMBA班中，学员主要是电信运营商和政府高级官员，这些人都是可以影响公司生意的关键性人物。所以有人说，诺基亚是"项庄舞剑，意在沛公"。EMBA班上汇集的是国内外管理界的精英，通过一起学习，自然会建立非常牢固的同学关系。

人际指南

事实上学生时代的人际关系感性成分居多，从儿时玩伴、学校同学到当兵时代的朋友，都是早经时间催化，彼此有共同话题的人际关系，那些年积淀的共同记忆是无法磨灭的。

第126讲　多参加同学会，拓展"同学圈"

我们并不认为人际关系是一个势利的名词。就如我们始终相信，同学是一个很贴心的词语一样，它能给我们温暖、梦想和生活的力量。当我们将目光锁定在国内外"政商文"各界名流身上时，我们发现，他们都有着惊人一致的人际关系组成密码：同学圈。同学，已成为我们经营人生的一种基础资源。

说是老同学相聚，但现实的关系网络则明显地渗透在言谈中。一些同学见面就忙着发名片，介绍自己经销的产品，借机大谈"生意经"。原来的老同学现在都活跃在各个行业、各个领域，通过聚会可以让老同学多关照一下。

"我们这个年纪，正是打拼事业、拓展人际关系的时候，同学聚会是个很好的渠道！"已在职场打拼 10 年的杨剑，对自己参加同学聚会的"目的性"直言不讳："原来的老同学中，有不少现在正活跃在各个行业、各个领域的，通过聚会可以让老同学多关照一下。"

杨剑是土生土长的武汉人，大学是在武汉读的医药专业，现在在北京一家医用器械销售公司工作，主要负责华中地区业务。每年过年回武汉，他都要呼朋唤友，召集小学、初中、高中同学聚会，"尤其是在医疗卫生领域有路子的同学，更能聊得来，可以相互交换一下信息和资源"。杨剑说，虽然几次聚会花了不少钱，但他的收获也不小，"几笔大单子都是在同学聚会上聊出眉目的"[1]。

人际指南

同学会的文化、人际关系是不可复制的。但是，要参加同学会，你就得把你的灵魂过滤一番，把几年来、几十年来在这个世俗、浮躁、逐利的社会中所习惯了的那些世俗的东西放在一边，把你的真诚、童心拿出来，跟大家开开心心地回忆过去，千万不要只顾自己高兴而不顾旁边人感受，特别是不要为了自己的得意而伤害了同学们的自尊。

---

1 严珏.建人脉叙旧还有人想推掉，同学聚会心态多样 [N].武汉晨报，2012.

第127讲　同学：保持联络，加深感情

蒋介石曾经担任国民党主席，但是他最喜欢听的不是"主席"这个称呼，而是黄埔军校出来的学生喊他"校长"。师生情谊、同窗情谊、同门情谊绝对是拓展人际圈子时最灵验的引子！

同学关系，上自大学、研究生，下至中学、小学，甚至一起长大的发小都可以纳入其中。要不怎么有好多家长不惜重金让自己的孩子进入好幼儿园呢？幼儿园的管理、教育固然重要，更重要的是让小孩子从小就有"重量级"的"校友"。由此，家长在接送孩子之际，还可以顺便跟其他家长接触，在不知不觉中拓宽自己的人际关系。

当然，要建立起这些同学关系，你需要时常参加同学会、校友会，并随时注意他们的动态，这样效果才会更好。都说"三年不上门，是亲都不亲"，如果你毕业之后就杳无音信，也不跟同学们打个招呼，五年十年后横空出世地跳出来让大家帮你，虽然不至于当面被拒绝，却也显得太突兀了。

一转眼，赵曼已经毕业四年多了，在三年的东奔西跑之后，终于在北京某公司做了业务员。2010年7月，他奉命去上海联系一项业务，到了那里之后才发现，对方公司的客户经理汪某正是自己的大学同学。赵曼很高兴，心想看在老同学面上，对方怎么也会照顾着点。谁知汪某对他却并不热络，根本没有一点儿照顾他的意思，这让赵曼又怨又气。两个星期后，赵曼回到了北京，逢人就说同学关系靠不上，他不知道汪某也在对别人说："就是一个大学同学，毕业之后从来都没跟我联系过，要办事时倒想起我了！我又不是垫脚石，用得着时搬过来，用不着就踢过去！"

赵曼平时不注意维护同学关系，结果在需要同学帮忙时碰了钉子。

这并不奇怪，你与老同学在分开后不相来往，有事时再去找人家，人家怎么会乐于帮你呢？

有空时，不妨给远在异地的同学打打电话，发发短信，询问一下他最近的工作、学习情况，同时介绍一下自己的情况。经常保持交流，是很有必要的，这点时间绝对不能节省。碰上同学的人生大事，比如结婚、生子等，如果有空尽量参加，如果实在脱不开身，也得写信或托人带点贺礼之类的。不然，怎么谈得上同窗情谊？如果条件允许，只要有见面的机会，就应该和同学经常接触。比如，如果你到某地旅游，可以去找当地认识的同学；如果你去同学公司附近的地方出差，最好去探望他，加深双方之间的联系，哪怕只有短短的几分钟。

其实，我们每一个人都应该把朋友的特殊日子记在心里，到了那一天，无需送上什么丰厚的礼物，仅仅是一个电话、一声祝福、一个短信、一句问候便足以使朋友感动。而这小小的心意，所换来的"回报"定然会是一笔喜人的人际关系财富。

人际指南

如果与同学分开后，从来就没有联络过，别说请同学帮忙办事了，可能他连你姓甚名谁都记不起来了。

第128讲 参加培训班，拓展"同学圈"

闲时没事的时候，你可以到北京比较大的学校去走走，你会看到不少看上去不像学生的人在里面穿梭。其中有许多人是花了大价钱从全国各地来进修的。他们的目的并不只是为了学知识，还有个更重要的原因是交朋友。对于那些"成年人班"的学生，他们会认为交朋友比学知识更加重要，许多学校对这点都非常清楚。因此在招生简章上明白无误地告诉对方：拥有学校的同学资源，将是你一生最宝贵的财富。

曾有一位创业者说，他在创立公司前，曾经花了半年时间到北大企业家特训班上学、交朋友。他开始的十几单生意，都是在同学之间做的或是由同学帮着做的。同学的帮助，在他创业的起步阶段起了很大的作用。"同学间的资源正好形成互补，与在商界中相比，同学间的信任度更高，合作起来自然成功率也更高。"

还有一些已经参加工作的人，为了结识更多有能力、有实力的人，不惜花几个月的工资去读一个进修班，通过同学情谊将一批高素质的人才笼络到自己的人际关系圈中。

赵本山以 55 万元的高额学费报名长江商学院中国企业 CEO 课程，与知名企业家马云、傅成玉等成为同学。4 天的学习，赵本山发言很多，他拿自己的本山传媒的具体经营事例讲解，受到了同学们的欢迎。而赵本山的另一个收获就是结交了一大批好朋友。在香港学习的 4 天中，赵本山结交了很多好朋友，他表示："我的这些同学都是在商界摸爬滚打多年的成功人士，每一个成功人士的身上都有着不同的闪光点，跟他们相处、交流的过程对于我来说也是一个学习的过程。我平时接触的圈子大部分都是文艺界人士，很少跟真正的企业实体管理者接触，通过这次难得的学习机会能与他们成为同学也是一种缘分。我们相处得特别好，特别期待下一次的学习。"[1]

张俊杰是一个刚刚在国外读完进修班的高材生，不过他不想在国外发展，于是就回到了老家上海，结果处处碰壁。一天，他在网上看到一家跨国公司正在招聘中国区总代理人助理，他感觉这个职位十分适合自己，可是却不知如何才能得到这个职位。最后，他想起曾在进修班的校友录上看到过一位学长的名字，他刚好是这家公司的高层领导。

于是他就连夜给这位学长发了一封电子邮件。在邮件中，他强调同

1 赵本山学习 CEO 课程当上班长 [N]. 武汉晚报，2009（5）.

为一所大学时的毕业生，希望学长能够提携一下，帮他得到这份工作。虽然他在发这封邮件时只是抱着试试看的心理，结果竟然得到学长的回复，学长不仅替他联系好了负责人，还在邮件最后祝他成功。

这就是同窗情谊的魔力，有些时候它就是能够帮助我们解燃眉之急。

经常参加一些培训班或研习会，不仅可以从中学习到一些新的知识和观念，了解各行业的最新发展趋势，最重要的一点，就是可以获得更多的人际关系。而且有很多人都与你不是同一圈子的，这不正印证了我们前面说的要认识能够弥补自己不足的人来做朋友吗？

人际指南

　　在日常交际之中，我们一定不要忘记多和同学联系，交流感情。

参考文献

［1］张慧敏（著），韩仪（译）.20几岁，痴迷于人脉吧［M］.南海出版公司，2008.

［2］墨墨.20几岁学点人脉学［M］.北京理工大学出版社，2011.

［3］赵凡禹.30岁前要学会的33堂人脉课［M］.立信会计出版社，2010.

［4］（加）尼古拉斯·布思曼（著），曹爱菊（译）.90秒建立职场人脉［M］.中信出版社，2006.

［5］冯丽莎.把你的人脉做足［M］.北京工业大学出版社，2011.

［6］周伟光.办公室里看人脉［M］.人民日报出版社，2011.

［7］曹荣.办公室秘战［M］.新世界出版社，2010.7.

［8］白山，李俊.别一个人用餐［M］.中国经济出版社，2009.

［9］齐宏.博弈人脉圈［M］.中国商业出版社，2011.

［10］韩大勇.布局人脉［M］.中国经济出版社，2012.

［11］陈冠杰.财富圈［M］.中国华侨出版社，2011.

［12］张秉科.超级人脉［M］.中国城市出版社，2010.

［13］翟文明.超级人脉术大全集（超值白金版）［M］.华文出版社，2010.

［14］常桦.成功潜规则，中国式人脉网［M］.武汉大学出版社，2010.

［15］王宇.成功三宝：习惯，心态，人脉［M］.北京科学技术出版社，2007.

［16］马银文.储存人脉胜过储存黄金［M］.中国商业出版社，2010.

［17］李伟楠.从毕业到立业，不可不知的人脉法则［M］.北京航空航天大学出版社，2011.

［18］永谊.从零开始做人脉［M］.中国长安出版社，2010.

［19］梅子.聪明女人要懂得的人脉操纵术［M］.黑龙江科学技术出版社，2011.

［20］石咏琦.打造黄金人脉［M］.中国社会科学出版社，2007.

［21］王黎.打造你的黄金人脉［M］.学林出版社，2007.

［22］李杰.二十几岁女人必备的人脉资本［M］.北京工业大学出版社，2011.

［23］胡挹芬.翻红身价的人脉密码［M］.广西人民出版社，2008.

［24］仁久.给生意人看的人脉经营书［M］.中国华侨出版社，2011.

［25］李玲.管理好你的人脉［M］.中国水利水电出版社，2007.

［26］白智慧.贵人多"旺事"［M］.北京工业大学出版社，2011.

［27］陈琦.哈佛人脉课［M］.新世界出版社，2010.

［28］张扬扬.黄金人脉80招［M］.中国纺织出版社，2009.

［29］槐夜.决定你一生的人脉［M］.时代文艺出版社，2010.

［30］王宇.决定一生的人脉［M］.上海交通大学出版社，2008.

［31］胡志明，张笑恒.决胜人脉［M］.中国电影出版社，2007.

［32］蓝宝石.猎财时代 2.广东经济出版社，2011.

［33］李维文.六度人脉［M］.湖南文艺出版社，2012.

［34］王冰.男人的人脉与财脉［M］.中国旅游出版社，2005.

［35］孙颖.你不可不知的人脉投资课［M］.中国华侨出版社，2010.

［36］宋默.你的人脉价值百万［M］.朝华出版社，2011.

［37］邢群麟，程晓芬.你的人脉价值百万［M］.黑龙江科学技术出版社，2007.

［38］孙朦.你的人脉价值千万［M］.中国纺织出版社，2011.

［39］马银春.我的人脉价值千万［M］.中国物资出版社，2010.

［40］黄志坚.你也可以约见奥巴马［M］.北京航空航天大学出版社，2010.

［41］郑沄编.女人最想要的人脉书［M］.中国华侨出版社，2010.

［42］林伟宸.朋友圈［M］.中国华侨出版社，2011.

［43］黄志坚，心香一瓣.朋友凶猛［M］.华文出版社，2011.

［44］苏岩.破解人脉密码［M］.中国纺织出版社，2011.

［45］袁晔.圈子——掌控命运的超级人脉术［M］.沈阳出版社，2011.

［46］（明）张居正（原典），李高峰（编著）.人脉就是财脉和命脉［M］.中国长安出版社，2005.

［47］丁大中.人生成功的乘法［M］.中国物资出版社，2008.

［48］马银文.人脉帮你赚大钱［M］.中国商业出版社，2009.

［49］张拓成.人脉背后的心理学［M］.中国长安出版社，2010.

［50］杜强.人脉比奋斗更重要［M］.九州出版社，2010.

［51］刘青.人脉变财富［M］.机械工业出版社，2008.

［52］刘行光，刘兰.人脉操纵术大全集［M］.江西人民出版社，2011.

［53］刘欣.人脉乘法效应：左右你赢得人脉的37个法则［M］.机械工业出版社，2006.

［54］邢群麟，许长荣.人脉存折（第2版）［M］.中国纺织出版社，2009.

［55］公晖.人脉存折你的人脉价值百万［M］.北京工业大学出版社，2008.

［56］邢群麟，许长荣.人脉存折［M］.中国纺织出版社，2011.

［57］张建伟.人脉存折全集（珍藏版）［M］.中国致公出版社，2008.

［58］金海民.人脉的诡计［M］.九州出版社，2010.

［59］周增文.人脉的惊人力量（畅销版）［M］.中国华侨出版社，2009.

［60］王森玉.人脉的力量［M］.外文出版社，2010.

［61］方明.人脉地图［M］.化学工业出版社，2011.

［62］张笑恒.人脉读心术［M］.台海出版社，2011.

［63］沧浪.人脉高手［M］.中国妇女出版社，2010.

［64］天宇.人际关系大赢家［M］.中国致公出版社，2008.

［65］曾仁强.人际关系课［M］.京华出版社，2011.

［66］余世伟.人脉滚雪球［M］.哈尔滨出版社，2011.

［67］黄冰梅.人脉基金［M］.中国社会科学出版社，2007.

［68］李尚隆.人脉即财脉［M］.武汉出版社，2009.

［69］吴若权.人脉经营术［M］.中国长安出版社，2010.

［70］如歌.人脉竞争力［M］.中国致公出版社，2010.

［71］陈开仁.人脉就是财脉［M］.东北师范大学出版社，2011.

［72］崔永臣.人脉就是财脉［M］.北京燕山出版社，2011.

［73］申仪文.人脉就是命脉［M］.时代文艺出版社，2009.

［74］雅瑟.人脉就是命脉大全集［M］.企业管理出版社，2010.

［75］苏豫.人脉就是钱脉［M］.中国华侨出版社，2010.5.

［76］乔梁.人脉决定成败［M］.中国纺织出版社，2010.1.

［77］博达.人脉决定成败［M］.北京工业大学出版社，2008.

［78］李元秀.人脉决定成败［M］.内蒙古人民出版社，2008.

［79］邓琼芳.人脉决定命脉［M］.北京工业大学出版社，2010.

［80］成杰.人脉决定命脉［M］.中国华侨出版社，2010.

［81］余鸿.人脉决定命脉全集［M］.中国纺织出版社，2010.

［82］石赟.人脉决定前途［M］.中国妇女出版社，2010.

［83］邢东.人脉开发术［M］.中国工人出版社，2011.

［84］陈冠杰.人脉课［M］.中国华侨出版社，2011.

［85］王霞.人脉历练智慧下［M］.环境科学出版社，2006.

［86］文武，王锋.人脉潜规则［M］.中原农民出版社，2007.

［87］陈东升.人脉潜规则［M］.中国民航出版社，2005.

［88］章岩.人脉圈 2 瞬间拓展圈子的人脉心法［M］.台海出版社，2010.

［89］章岩.人脉圈 3 瞬间让你的气场更给力［M］.台海出版社，2011.

［90］徐谦.人脉圈：你的人脉圈中应该有的十种人［M］.北京理工大学出版社，2011.

［91］唐文.人脉圈操纵术［M］.重庆出版社，2011.

［92］陈玮.人脉圈大全集（白金珍藏版）［M］.江西人民出版社，2010.

［93］达夫.人脉圈大全集（超值白金版）［M］.中国华侨出版社，2011.

［94］郑大伟.人脉圈全集：人脉就是成功的命脉［M］.中国城市出版社，2011.

［95］刑群麟.人脉是存出来的［M］.中华工商联合出版社，2011.

［96］郭腾尹.人脉是画出来的［M］.北京大学出版社，2008.

［97］林少波，王爽.人脉手环［M］.蓝天出版社，2010.

［98］（日）后藤芳德.人脉术人脉大改造［M］.电子工业出版社，2011.

［99］志刚.人脉网［M］.中国华侨出版社，2011.

［100］张振华.人脉为鼎［M］.中国社会出版社，2009.

［101］夏浩.人脉心理学［M］.时代文艺出版社，2010.

［102］张兵.人脉战争［M］.化学工业出版社，2011.

［103］沈秀涛.人脉之道［M］.上海科学技术文献出版社，2005.

［104］陈雅勤.人脉智慧全集［M］.企业管理出版社，2007.

［105］常合.人脉资源黄金之门［M］.中国纺织出版社，2007.

［106］黄纯灿.如何认识上万人［M］.机械工业出版社，2006.

［107］金毅.三分能力，七分人脉［M］.华中科技大学出版社，2012.

［108］夏在伦.三年之内成为富翁的人脉经营［M］.黄山书社，2011.

［109］（韩）许垠娥.设计人脉［M］.中国友谊出版公司，2010.

［110］常桦.中国式人脉［M］.武汉大学出版社，2006.

［111］林伟宸.我的第一本人脉存折［M］.中国华侨出版社，2011.

［112］刘武.我最想要的人脉书［M］.中国华侨出版社，2011.

［113］吕国荣，吕品.先交朋友，再做销售［M］.化学工业出版社，2010.

［114］孟祥莉.销售中的人脉经营术［M］.中国纺织出版社，2012.

［115］子志.性格决定你的人脉圈［M］.中国纺织出版社，2010.

［116］姜廷志.成功人际关系的32条准则［M］.金城出版社，2011.

［117］洪兴.人脉资源拓展33招［M］.中国经济出版社，2005.

［118］鲁青.一本书读通人际关系［M］.石油工业出版社，2011.

［119］林凌一.赢在人脉［M］.中国纺织出版社，2005.

［120］静一居士.有一种资源叫人脉［M］.外文出版社，2012.

［121］廖红.有一种资源是人脉［M］.江西科学技术出版社，2010.

［122］聂凌凤.遇见你的贵人［M］.中国友谊出版公司，2010.

［123］萧岳.曾国藩人脉［M］.江西人民出版社，2010.

［124］布德.这样经营人脉最给力［M］.中国纺织出版社，2011.

［125］李娜.真希望我20几岁就知道的人脉掌控术［M］.新世界出版社，2010.

［126］吴元.职场潜规则［M］.企业管理出版社，2009.

[127]（日）本田直之.职场人脉经营术［M］.中国人民大学出版社，2010.

[128]潜龙.职场人脉圈［M］.东北师范大学出版社，2011.

[129]周强.职场人脉圈［M］.宁夏人民出版社，2012.

[130]郑德明.中国式饭局人脉学［M］.台海出版社，2011.

[131]徐宪江.中国式人脉圈［M］.中国工人出版社，2011.

[132]李华.转动人脉［M］.九州出版社，2010.

[133]佘世维.总经理一定要掌控人脉［M］.中国商业出版社，2011.

[134]任利红.总经理掌控人脉的88个细节［M］.北京工业大学出版社，2010.

[135]王铁彪.左手搭建人脉，右手制胜生意［M］.中国纺织出版社，2012.

趁年轻，打造朋友圈
影响你一生的人际交往课

后记
HOUJI

在创作本书的过程中，难免会有一些差错与遗漏的地方，在此还望广大读者朋友们批评、指正。

同时，在写作时，笔者查阅、参考了与人际关系智慧及人际关系技巧有关的大量文献和作品，并从中得到了不少启悟，也借鉴了一些非常有价值的观点。但由于写作本书参考的资料来源广泛，加上时间仓促，部分资料未能（正确）注明来源及联系版权拥有者并支付稿酬，希望相关版权拥有者见到本声明后及时与我们联系，我们都将按相关规定向版权拥有者支付稿酬。在此，深深表示感谢与歉意。

另外，感谢王华德、任喜创、陈校莹、范其月、赵锋全、麦丽超、郭世海、吴海燕等人参与编写此书所付出的辛勤劳动。